これだけ!
報　連　相
HouRenSou

組織の中で評価される
コミュニケーション1・2・3

野部　剛

すばる舎リンケージ

はじめに

みなさんのチームでは「Ｈｏｕ Ｒｅｎ Ｓｏｕ（報連相）」がうまくいっていますか？

報連相は組織人として働くみなさんなら、一度は聞いたことがある言葉かと思います。でも聞いたことがあっても、実際は知っているようでちゃんと知らない、うまく実践できていないスキルの一つでしょう。そう思われたからこそ、この本を手に取ってくださったのではないでしょうか。


今回の書籍でお伝えしたいのは、これまでの報連相とはひと味違います。

Ｈｏｕ Ｒｅｎ Ｓｏｕとは、**チームをまとめるリーダー、マネージャーのための報連相**のことです。

いままでは報連相というと、どちらかというと新入社員向けか、報告・連絡・相談する側、部下向けのスキルと捉えられてきました。

しかし、チームが円滑にコミュニケーションできる場を整えるのは、本来はリーダーやマネージャーの役目です。

と言いつつも、正直に申し上げると、私自身もはじめて営業マネージャーになり、チームを任されたときに「どうすればみんな報連相してくれるんだろう」と悩みました。

自分自身もできていなかったのに、理不尽にも報連相してこない部下に腹を立てたりと、今思えば恥ずかしいお話です。

ただ、私がこれまで2000社以上の会社をお手伝いしてきた中で、気づいたことがあります。

それは、**どんな組織であっても、マネージャーやリーダーがその成否を握っている**ということです。

かのアレクサンダー大王も「一頭の羊に率いられたライオンの群れは怖くない。私が恐れるのは一頭のライオンに率いられた羊の群れだ」と言っています。

メンバーの資質よりも、リーダー次第でチームの力は大きく変わる、ということです。

特に、**報連相の〝しくみ〟づくりがうまいマネージャーやリーダーの組織は、大きな成果を上げて**います。

それはなぜかと言うと、チームの報連相がスムーズにできれば、ささいなトラブルは減り、成果を確実に上げられるようになるからです。

結果として、チーム全体の成果も上がり、評価されるようになる、つまり、**個人、リーダー、会社、みんなにとっていい結果が訪れる、それが本来の報連相の力**です。

本書では、第1章でなぜあなたのチームの報連相がうまくいかないのか、その理由を考えていきます。そして、第2章は報連相がスムーズにいくようなリーダーの指示や命令の出し方を、第3章からは報告、連絡、相談のそれぞれについて触れてまいります。

第3・5章には、部下として気をつけたいことを「部下目線」として紹介しました。リーダーの方が読んでも、部下の気持ちがわかるので参考になるかと思います。

また、本書の中には私が常日頃、仕事でお伝えしている「プロセスマネジメント」の考え方を随所に散りばめました。

「プロセスマネジメント」とは、プロセス（＝工程）を管理することで、結果を最大化するマネジメント手法のことです。

経営環境が厳しい今は、「どんな成果が上がったか」という結果管理に陥りがちです。

しかし、**結果を管理しても、結果は出ません。結果に至るためには、それに至るための然るべきプロセスがあります。**当たり前ですが、結果はプロセスの延長なのです。

マネジメントでは、結果や人間の管理ではなく、プロセスの管理が重要なのです。報連相もしかりで、報告や連絡が滞っているのは、結果や人間の問題ではなく、プロセスの問題であることが往々にしてあります。

問題が起こったときは、プロセスに注意を向けてみる。この意識づけをしておくと、普段のお仕事にも役立つと思います。

最後に、なぜタイトルがローマ字なのか言い訳させていただくと、「報連相」と言うと、古い言葉、「今さら？」という印象を持たれてしまうのでは、という恐れがありました。新しい報連相であるということを一目で見て取っていただくために、あえて「Ｈｏｕ Ｒｅｎ Ｓｏｕ」というタイトルをつけさせていただきました。

この本が、世の中のマネージャー、特にプレイングマネージャーの皆様とその部下の方々にとって、組織的コミュニケーションにおける課題解決の一助になれば幸いです。

２０１３年５月吉日

野部　剛

◎これだけ！　Ｈｏｕ Ｒｅｎ Ｓｏｕ　もくじ

第１章

チームに必要なＨｏｕ Ｒｅｎ Ｓｏｕとは？

第２章

チームが動く！ＨｏｕＲｅｎＳｏｕの始め方

第３章

Hou告が自然に集まるしくみ

第4章

Ren絡が密になるしかけ

第5章

Sou談でスッキリ問題解決！

装丁　――遠藤陽一
（デザインワークショップジン）
編集協力――津村 匠
本文図版――李 佳珍

第1章

チームに必要なHou Ren Souとは？

「できて当たり前」と見なされがちな報連相。しかし、意外とできていない人が多いのが実情ではないでしょうか。

本来、組織に必要なコミュニケーションだからこそ、重要だと言われ続けてきたはずなのに、なぜかできない。

ここでは、本来の報連相とは何か、そしてなぜ報連相ができないのか、その理由を探っていきます。

1 「コミュニケーション不足」では片づかない問題

チームの風とおしを悪くしている真犯人は……

あるメーカーの人材育成担当者から「チームでのコミュニケーションが思うように進まない」という相談を受けました。

「一生懸命やっているのになんでうまくいかないのか……」

とお悩みの様子。

そこで担当者に理由を尋ねてみたところ、**「コミュニケーション不足」**だと答えました。

いざメンバーに面談をして、どんな風に思っているか聞いてみると、チームリーダーに対して強い不満を抱いていました。

「どうして、もっときちんと指導してくれないのか」

「なんで私の話をしっかりと聞いてくれないのか」

「あんな人が自分の上司だなんて、最悪だ」

と、なかなか厳しい言葉ばかりです。

そこでリーダーの当人達にも、なぜうまくいかないのか理由を聞きました。

すると、答えは同じく「コミュニケーション不足」にある、とのことでした。

私は「本当にそうなのだろうか……」と疑問に思いはしたものの、みんな原因がそこにあると信じて疑わない様子。


さて、**同じようなことがあなたの身の周りでも起こってはいませんか。**いや、起こっているからこそ本書を手にしてくれたのかもしれません。

そんなみなさんに質問です。

チームのコミュニケーションがうまくいかない一番の理由は、先ほど見たように、「コミュニケーションが足りていないから」だと思われますか？

コミュニケーション＝話すこと？

社内やチーム内で何らかの問題が生じたとき、あるいは思ったような成果が出ないとき、その原因の一つとして「コミュニケーション不足」が取りざたされます。

誤解を恐れずに言うならば、多くの企業が（本当の理由はほかにあるにも関わらず）、**「何でもコミュニケーション不足の問題にしてしまう」という問題**を抱えています。

「コミュニケーション不足」と言っておけば、それだけで問題を解明できたような気になる、いわば「魔法の言葉」になってしまっているわけです。

しかも、「コミュニケーションとはすなわち話すこと」と誤解して、「コミュニケーションが足りないのなら、話す時間を増やせばいい」「一緒にいる時間をもっと増やせばいい」、このように考えて実行してしまうのです。

これが大きな落とし穴になってしまいます。

実際、社内やチーム内のコミュニケーションが円滑に行われていないのかもしれません。しかし、話す時間や機会を増やすだけでは、コミュニケーションの問題は解決できません。

なぜなら、**話す量ではなく、内容や話し方、つまりコミュニケーションの〝質〟自体に問題がある**からです。

ということは、「コミュニケーション」＝「話すこと」と捉えている限り、いまの状況を打開するのは難しいでしょう。

考えてもみてください。

チーム内で世間話を重ねることで、はたして社員教育はスムーズに進んでいくでしょうか。会社の業績は上がっていくでしょうか。

社員同士の親密度は高まるかもしれませんが、それが直接、会社の業績に結びつくとは思えませんよね。

ゴールはチームを動かし、成果を上げること

そもそも私たちは、何のためにコミュニケーションを必要としているのでしょうか。

仲間意識を強めるため、よりよい人間関係を築くため、社内環境をよくするため……。

どれも間違いではありませんが、**一番大事なことは、組織として成果を上げること**です。

では、成果を上げるためにはどうすればよいと思いますか。

本来のコミュニケーションとは

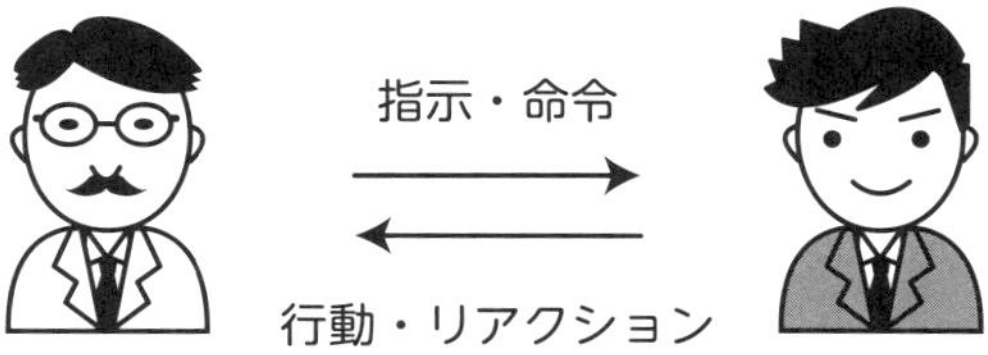

★相手に反応や行動を促すこと＝コミュニケーション

⇓

それに欠かせないのが、

報告・連絡・相談

Hou　　Ren　　Sou

相手に反応や行動を促す「円滑なコミュニケーション環境」をつくり上げ、それを継続していくことです。

成果を上げるためには行動が欠かせません。

行動のないところに成果はないからです。

つまり、こう言えます。

企業におけるコミュニケーションは、相手に反応や行動を起こさせ、会社としての成果を高めるために必要である、と。

そのために欠かせないのが、これから本書で紹介していく「成果を生み出すための報連相」なのです。

2 報連相をするといいことずくめ

正しい方法さえわかれば、誰でも実行可能

「報連相ならうちの会社でも取り組んでいます。でも円滑なコミュニケーションができているかというと難しいものがありますね。それに報連相を始めたはいいのですが、取り立てて成果が出ているとは思えないのですが……」

これが「コミュニケーション不足」を嘆く会社の実態でしょう。

でも、心配はいりません。あなたの会社のコミュニケーションがうまくいっていないのは、**報連相というしくみが正しく機能していないだけ。**

報連相の意味や役割をきちんと理解した上で、そのためのプラットフォームをつくり直し、正しく運用していけば、コミュニケーションの問題はきっと解決できます。

報連相のしくみについて説明するまえに、報連相が正しく機能するとどのようなメリットが得られるのか、リーダー・メンバー・会社に分けてお話ししておきます。

①リーダーが得られるメリット

まずプロジェクトなどの進捗状況を把握しやすくなります。

加えて、メンバーから逐一報告が上がってくれば、常に状況把握ができるので、**何か問題が起きたとしてもすぐに最善の手を打てる**でしょう。

たとえば、

「仕事が終わったのに何の報告も上がってこない」

「指示された仕事をどう進めたらよいのか一人で迷って、全然仕事が進まない」

「個人が勝手に判断し、その結果、お客様に迷惑をかけることになった」

といったトラブルは激減するはずです。

仕事の最終的な責任を負うのはメンバーではなく上司であるリーダーです。

その点からも、「正しい判断を下せる」ことは、リーダーにとって大きなメリットであると言えるでしょう。

②メンバーが得られるメリット

メンバーは、指示された意図に則って、業務を遂行できるようになります。つまり**上司や会社からの評価を得やすくなります。**

たとえば、自信満々であなたのデスクを訪れたａさん。手には、あなたが数日前に頼んだＢ社への提案書を携えています。

ａさん「マネージャー、先日依頼された提案書ができました」

あなた「おお、そうか。……ずいぶん厚いね」

ａさん「はい、１００ページ近くあります。大事なプロジェクトですからね、今回は気合いを入れてつくりました‼」

あなた「（嫌な予感）これをつくるのにどのぐらい時間がかかった？」

ａさん「はい、だいたい８時間ぐらいです」

あなた「えー８時間⁉　こういっちゃ悪いけど、20分ぐらいで簡単にまとめてくれたらと思ってたのに……」

ａさん「そ、そうだったんですか……（ガックリ）」

笑い話のようですが、私の実体験です。しかも1度ではなく、何度か同じような体験をしました。みなさんはいかがでしょうか。

これでは、褒めてもらえると思っていたaさんも、aさんの仕事の仕上がりに期待していたあなたも、お互いに不幸ですね。

どうしてこのようなすれ違いが起こってしまったのでしょうか。

それは「伝えた」つもりでいたことが、相手にきちんと「伝わっていなかった」からです。「伝えた」と「伝わった」には大きな違いがありますが、これから説明する報連相のしくみを使えば、こうした仕上がりのイメージの相違も大きく減り、お互いに思いどおりの成果を上げられるようになります。

③会社が得られるメリット

報連相は、上司や部下といった個人だけではなく、みなさんの会社にもメリットを与えてくれます。

上司・部下間のコミュニケーションが円滑に行われることによって、効率的に組織を運営できるようになると、それによって経営資源のムダを減らすことができます。

報連相のメリット

上司

①進捗状況が把握しやすくなって、ミス・トラブルが減る
②正しい判断が下せるようになる

部下

①上司の意図に則って仕事ができる
②やり直しなどの手間が減る
③上司・会社から評価される

会社

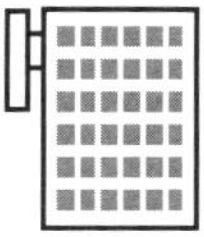

①効率的な組織運営、経営資源のムダ削減につながる
②お客様からの信頼を得てイメージアップ。さらなる増客の期待

組織の効率化は、お客様の信頼にもつながります。結果、会社全体のイメージがアップし、お得意様の増加が見込めます。

いいことずくめですね。

報連相によってもたらされるメリットとは何か？

一言でいえば、**誰にとっても「よい結果」が出ること**と言えるでしょう。

3 組織的コミュニケーションのあり方

報告・連絡・相談の言葉の定義

ここで改めて報連相の意味について確認しておきたいと思います。

報連相とは、みなさんもご存知のように「報告」「連絡」「相談」の頭文字を取ったもので、新社会人が身につけるべきビジネススキルとして、新人研修などで一度は目にしたことがあるかと思います。

そして、報連相にはそれぞれ次のような意味があります。

・報告

指示された仕事の経過や結果を上司に知らせること。事実を知らせることに重点が置かれ、判断や問題解決は報告を受けた上司に委ねられます。

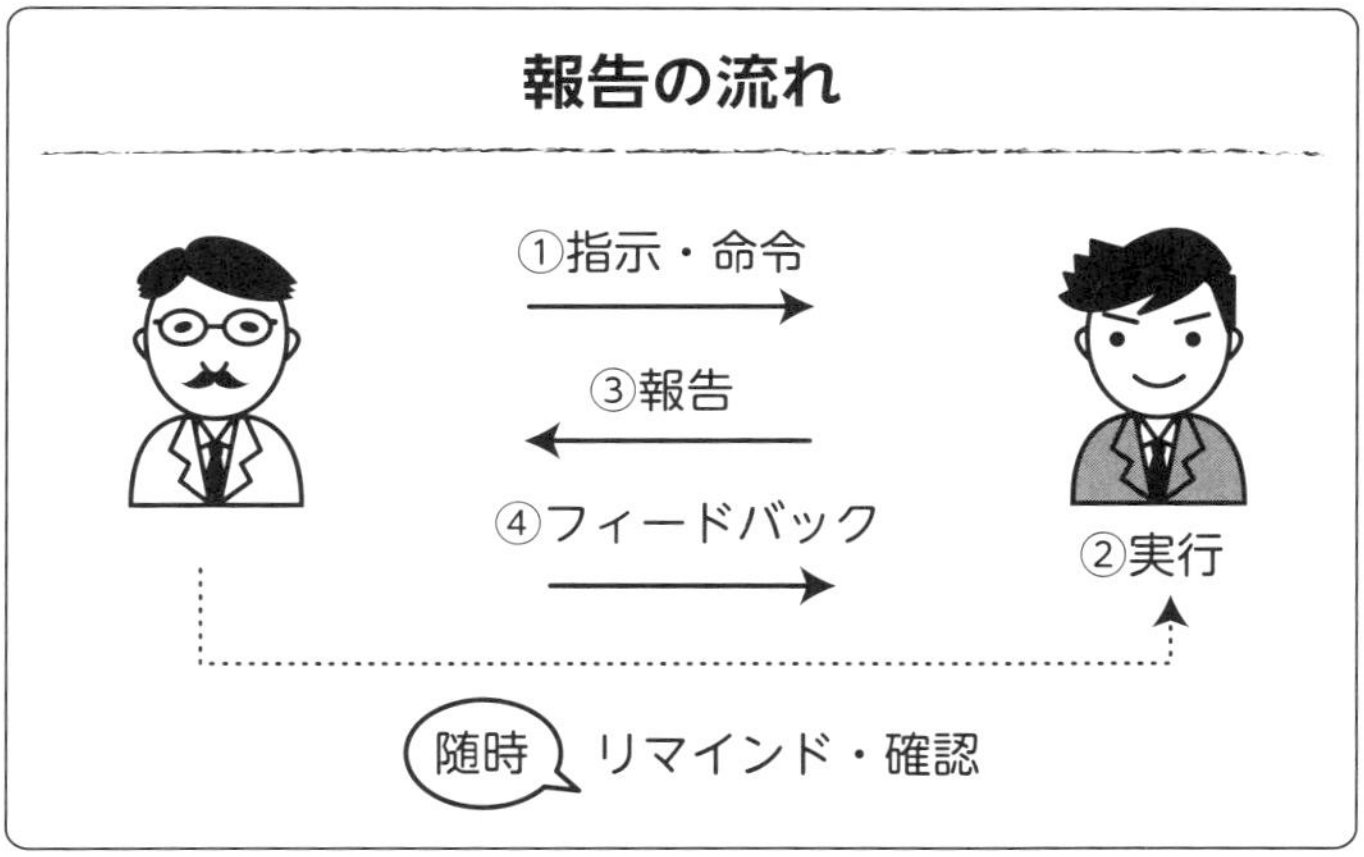
報告の流れ
①指示・命令
③報告
④フィードバック
②実行
随時
リマインド・確認

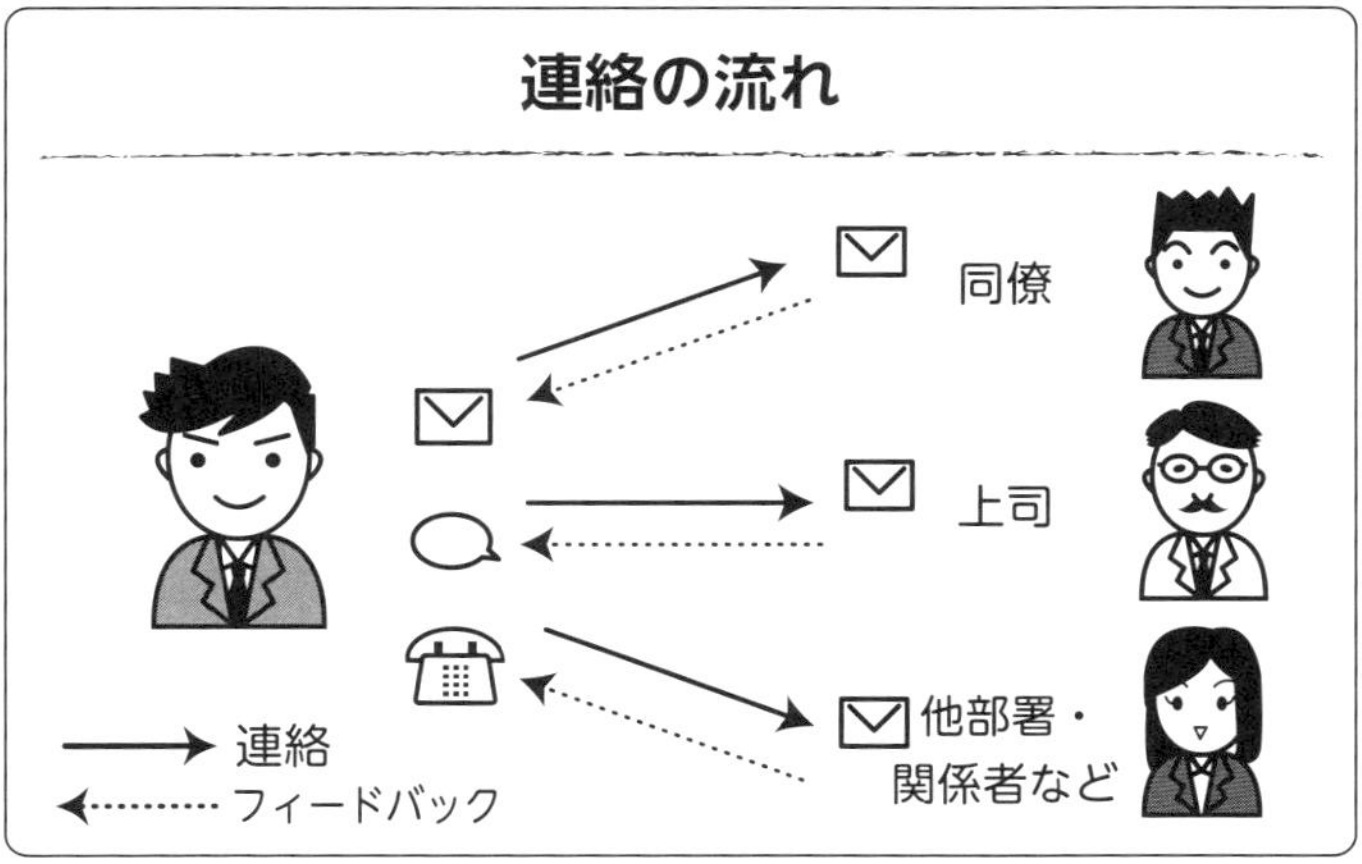
連絡の流れ
同僚
上司
他部署・
関係者など
連絡
フィードバック

相談の流れ

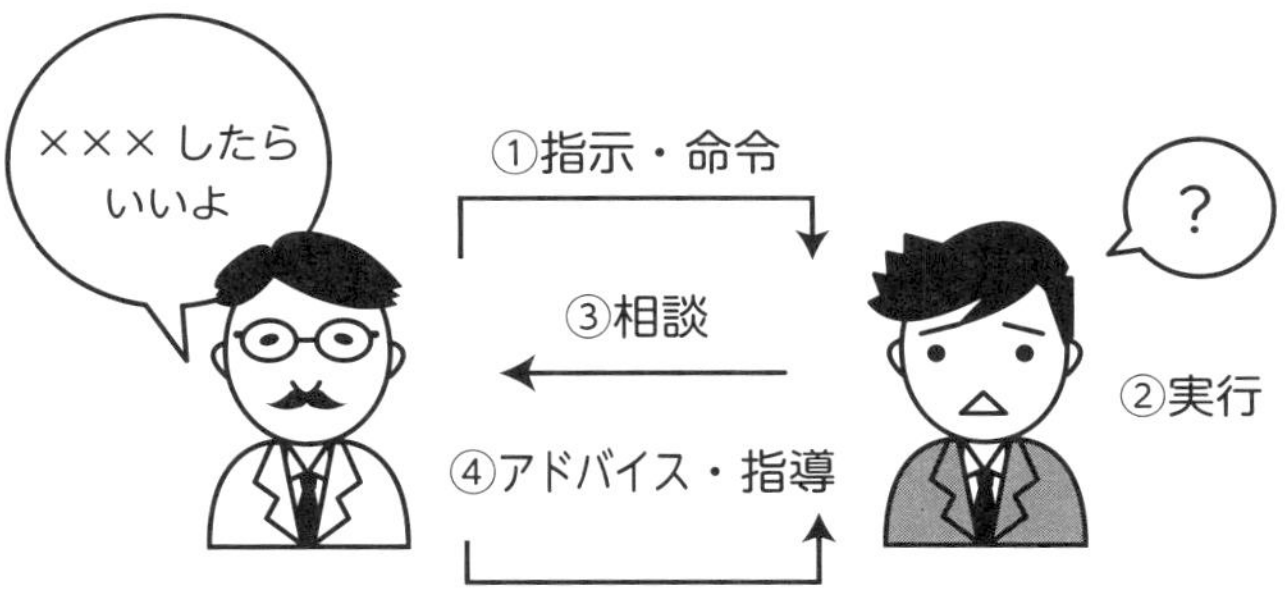

報告を徹底することでメンバー同士の信頼感が高まります。また、何かトラブルが起きたときも早急に対応できるようになります。

・連絡

自分の意見は加えずに、簡単な事実情報を関係者全員に知らせること。報告と同様に事実を知らせることに重点が置かれ、判断や解決はケースバイケースで異なります。

関係者全員に連絡が行き届くことで、情報共有が進み、組織の風とおしがよくなります。

・相談

判断に迷ったときに、上司・先輩あるいは同僚にどうしたらよいかと意見やアドバイスを求めること。問題によっては、相談者に判断や解決を一任することもあります。

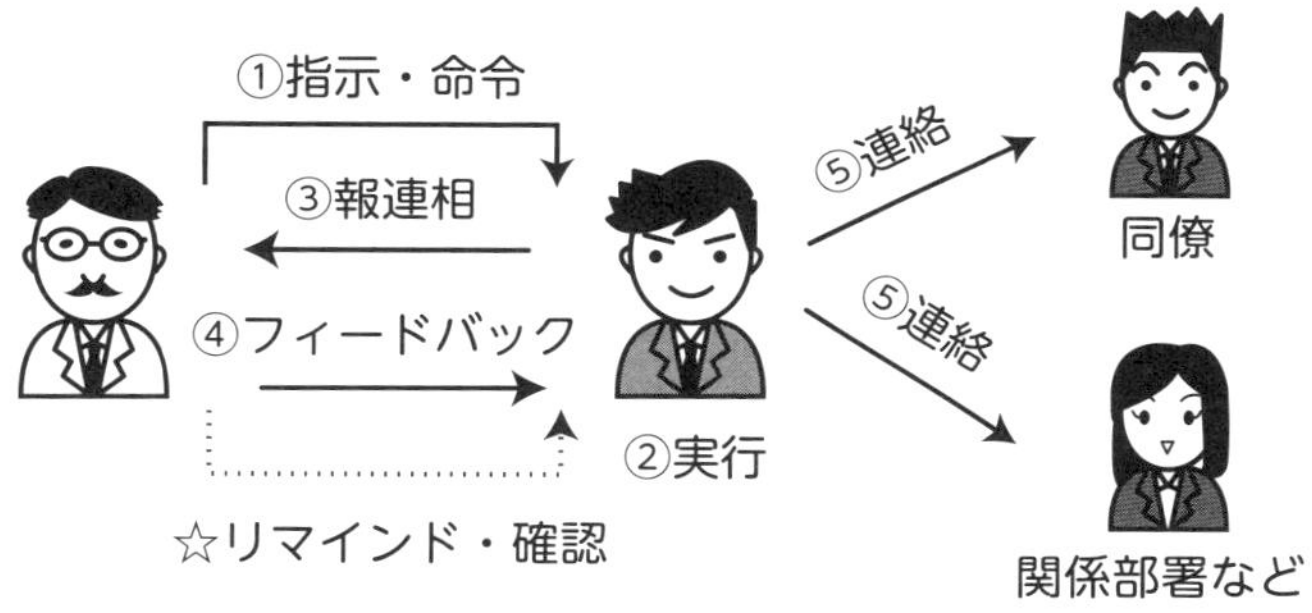

第三者に相談することで、問題を共有し、最善の解決策を見出せるようになります。

○──スムーズに情報をやりとりするには

上記の図を見てください。先ほどの報連相を組み合わせてつくったコミュニケーションの全体像です。

情報は次のように流れていきます。

①上司が部下に指示や命令をする
②部下は指示・命令されたことを実行する
③部下から上司に報告・連絡・相談を行う
④上司は部下から受けた報連相に評価を与えたり、フィードバックをする

⑤業務推進中に知り得た情報を関係者全員で共有あるいは展開する

☆（随時）上司は状況を見ながら部下に対してリマインドや確認を行う

基本になるのは①と③で、上司が指示して、部下が報告して終わる。これが社内コミュニケーションの基本となります。

これまでの「報連相」と言えば、この2つにフォーカスがあたることがほとんどでした。そのため、上司が部下に対して「報告しろ、報告しろ、報告しろ」を繰り返す一方的なやりとりになりがちでした。

コミュニケーションで成果を出していくにはバランスが大切です。

会議を思い浮かべてください。特定の人間ばかりが話す会議と、参加者全員が活発に発言をする会議とでは、どちらが有意義な内容になると思いますか？

後者ですよね。

報連相でも同じことが言えます。

コミュニケーションがうまくできているときは、一方だけが発言するのではなく、双方が同じぐらい発言しているものです。

では、バランスのよいコミュニケーションを実現するにはどうしたらよいのか？
④のフィードバックを増やすことです。フィードバックとは、ねぎらう、褒める、評価する、叱る、直す、アドバイスするなどの反応です。
リーダーはメンバーから報告を受けた分だけ、フィードバックを返してあげましょう。ねぎらうのなら「ごくろうさん」、褒めるのなら「よくやった」と報連相してきたメンバーに声をかける。

本書が提唱する「成果を出すための報連相」では、こうしたフィードバックや評価があってはじめて一区切りとなります。

なぜならこれらの**フィードバックや評価こそが、円滑なコミュニケーションの要となる**からです。

詳しいことは次章で説明しますが、「報連相ではフィードバックや評価が重要である」ということを頭の片隅にとどめておいてください。

4

しくみをつくるのが、上司の仕事

すべての責任はミドル層にあり

社内コミュニケーションの問題でもっとも頭を悩ませているのは誰か？

いわゆるミドル層、マネージャーやチームリーダーの人たちです。

「上司を殺すのに刃物はいらない。報告を3日も断てばいい」などと揶揄《やゆ》されるぐらい、**上司の業務（もちろん評価にも）によくも悪くも大きな影響を与えます。**

プロセスマネジメントの世界では、しくみをつくるのはマネージャー、つまり組織の長の仕事とされています。

「マネージャーは自分がつくったしくみの中で組織を動かし、成果が出せなかったときはマネージャーがすべての責任を負う」といった考えがベースにあるからです。
これは、監督が戦略・戦術を決め、それに沿って選手たちが動き、負けると監督が責任を負う、サッカーや野球の世界にも通じるものがありますね。
ワールドカップや世界選手権などでチームが大敗を喫した結果、監督がその責任を取って辞任する――こうした光景は（残念ながら）日常的によく見られます。

いま現在、**チーム内のコミュニケーションがうまくいっていないとしたら、それはマネージャーやリーダーであるみなさんに大きな責任がある**と言われてもしょうがありません。

ミドル層のみなさんは、組織におけるコミュニケーションのしくみの一環として、これからお話ししていく「成果の出る報連相のしくみづくり」に取り組むようにしてください。

ちなみに、突然新しいことを始めると、メンバーに「？」と思われる可能性があります。そこで、あらかじめ次のように宣言し

組織のしくみをつくるのは
マネージャーの仕事
＆
成果が出なかったときは
マネージャーの責任

てから取り組むことをオススメします。

「今日から社内のコミュニケーションの土台づくりをしていこうと思う。そのために、今後こんなことをやっていくので、みんなよろしく頼むよ」

このようにこれから実行していくことを共有しておくと、より効率的にコミュニケーションの円滑化が進められるはずです。

システムは活用してこそ価値がある

これは何にでも言えることですが、しくみやシステムをただ取り入れるだけでは、それほどの効果は期待できません。正しく運用してはじめて結果が出せます。

これからお話ししていく報連相も同じで、しくみを取り入れるマネージャーやリーダー自身が、しくみについて理解し、正しく運用していく必要があります。

報連相のしくみが「鬼に金棒」になるか、「豚に真珠」になってしまうか、それはみなさんの手腕にかかっています。

たとえば、日報報告や顧客管理、営業支援など様々なシステムがありますが、システムを導入してどんな失敗が起こるのか、想像がつきますか。

よくあるのが、メンバーに報告だけを求める、毎日毎日、日報の提出ばかりを求めるパターンです。

何が変わったかと言えば、これまで日報帳だったものが、ＰＣで入力するようになったぐらい。

やっていることは、以前と何ら変わりがないわけです。

これまでと同じことをやっていたら、これまでと同じ結果しか得られません。

その結果、どうなるか？

システムを導入して３カ月もすると、入力したデータがそこそこ貯まってくるのですが、「集まったデータはどうしたらいいんですか？」とシステム販売元に問い合わせてくるのです。

これでは何のためにデータを収集したのかわかりません。

便利なシステムも、活用できなければ
宝の持ち腐れ

せっかく導入したシステムはもはや無用の長物。一生懸命入力したメンバーも、口には出さないまでも、「何なんだよ」と思っているはずです。

なんとも残念なお話ですが、これがシステムを導入してもうまくいかない典型的なパターンであり、私自身、営業支援システムを販売する中で数多く目にしてきた失敗例です。

部下からどんな情報を得たいのか

システムには「導入すればうまくいく」といった魔法の杖のようなイメージがあります。何でも夢を叶えてくれるマジック・ボックスとでも言ったらよいのでしょうか。

ところが現実はそう甘くはありません。

システムを導入して、とにかく「使え、使え」「入力しろ、入力しろ」とはっぱをかける。現場は「めんどくさいな～」と思いながらも必死に入力する。

しかし、リーダーは報告が上がってきてからようやく「入力したデータをどう使おうか？」と考え始める。

はっきり言って、これでは何のために入力するのかわかりませんよね。

そもそも、「データを入力しろ」「毎日、報告しろ」だけでは、何を入力すればよいのかわかりませんし、入力されたデータには一貫性がないため、それらを社内で共有したり、今後の業務に活かすことも難しいと言えます。

これではいつまで経っても、成果につながる報連相にはなりません。

本来やるべきことは、逆の発想です。

まずはメンバーから何を教えてもらいたいのか、営業活動の中で何を見たいのか、そこをはっきりさせる。

そして、「何を伝えてほしいのか」をメンバーに言ってから、報連相してもらうのです。

繰り返しになりますが、新しいシステムに取り組むときには、しくみをしっかりと理解した上で、目的を明確にし、スタートさせるようにしてください。

そうしてはじめて組織を正しい方向に導いていくことができます。

その重要な役割を担っているのは、先に述べたように、みなさん、マネージャーやチームリーダーなのです。

5 あなたのチームの報連相をチェック！

うまくいかない理由を探ろう

最近、報連相に本格的に取り組み始めた、あるいは取り組んでだいぶ時間が経つのにいっこうに社内のコミュニケーションが改善されない。

このような悩みを抱えたリーダーの方もたくさんいらっしゃるでしょう。

うまくいかない原因はどこにあるのでしょうか？

次のページに、報連相チェックリストを載せました。思いあたる要素があるか、チェックしてみてください。

いかがでしょうか？

……**全部当てはまる。**

報連相チェックリスト

- □ 報連相をする側・される側に認識のギャップがある
- □ 報連相するタイミングがつかみづらい
- □ そもそも報連相が嫌い
- □ 問題がややこしいので、簡単には報告できない
- □ 報連相の資料づくりに時間がかかる
- □ 話が長くなってしまう
- □ 「任せたんだから自分で考えろ」と言ってしまう／言われる

仮にそうであったとしても大丈夫。

一つずつ手を打っていけばいいだけです。

むしろ、**報連相がうまくいかない理由がわかればしめたもの。**

それらの問題が起こらないようなしくみやルールを用意していけばいいわけですから、一歩前進です。

認識にギャップがあるのならそれを埋めてやればいいわけですし、タイミングがつかみにくいのなら相手が声をかけやすい時間や環境を用意してあげればいい。

報告や連絡に時間がかかってしまう、報告や連絡が面倒でなかなか実行できないのなら、誰でも簡単に報告・連絡できるプラットフォームを用意してあげればいい。

報連相が嫌いならば、「好きになる」とは言わな

いまでも、報連相してよかったと思えるような評価やフィードバックを心がけるようにすればよいでしょう。

このように、先にあげたコミュニケーション上の問題や障害は、**しくみと工夫で解決に導くことができます。**

具体的にどのような対策を取っていけばよいのかは、次章から詳しく見ていきます。

6 報連相される上司・されない上司

仕事がデキる人ほど要注意

冒頭でお話ししたように、コミュニケーションの成果は相手の反応や行動に表れます。したがって**相手が何らかの行動を起こしてくれないのは、伝える側か受け取る側のどちらか、あるいは双方に問題があります。**それは一体どのようなものでしょうか。

まず上司側に問題がある場合について見てみることにしましょう。

報連相においてもっとも危険なタイプは、一匹狼で天才型の、いわば無意識・有能な人です。「どうすれば仕事がうまくいくか」が無意識でもうまくできてしまうので、人に教えることができません。

また、つまずくことも少ないのでなぜ部下がつまずいたり、失敗してしまうのか、理解に苦しんでしまうのです。

そのため、部下を持ったあとも、かつての一匹狼のときのスタイルを継続してしまいがちです。

メンバーに対して、

「とにかく、この数字でやってくれ。頼んだから。信頼してるから。任せたから」

「細かいこと言われるのは嫌だろう。言わないから、全部任せる」

などと指示を出し、成果が上がらない人に対しては、

「私にできたんだから、君もできるはず」

「常識で考えて」

「自分で決めてもらっていいかな」

と**暴言とも取れる言葉を口にします。**

そして挙げ句の果てには、

「やっぱり君には無理だよな」

「みんなの足を引っ張ってくれるな」

「私や周りの人間に迷惑をかけないでくれ」

など一方的に責任を押しつける始末。

報連相以前の問題とも言えますが、**これでは誰もついてきてくれません。**


先のタイプとは違いますが、「がんばれ！」が口グセになっている人も要注意です。

メンバーが報連相にきたときに求めているのは「がんばれ！」ではありません。フィードバックや評価、あるいはアドバイスを求めてやってきているのです。

「じゃあ××してみよう」「これがダメだった理由は○○だから、今度はそこに気をつけてみよう」など、具体的にどう動けばいいのかがわかるようなコメントをするようにしてください。

周りに迷惑
かけないで
任せた。信じてる
君には
無理だったな
私にできたんだから
君もできる
頼んだ私が
悪かった
常識で考えて

報連相されない上司になっていないか？

部下満足度を高めるインターナルマーケティング

いきなり「具体的なアドバイスを」なんて言われても、どうしたらいいのかわからない、と思われたかもしれません。そんな方は、インターナルマーケティングを取り入れてみるといいでしょう。

インターナルマーケティングとは、「社員を顧客として捉えなさい」という考え方のことです。

アメリカのサウスウエスト航空やグーグルの取り組みが有名ですが、ざっくりと説明すると、「社員を満足させられない会社が、お客様を満足させられるわけがない。社員の満足度を高めれば、自然とその効果が顧客にも波及する。社員の満足度に比例して、顧客満足度が上がる」といったところでしょうか。

チームに置き換えれば、**「メンバーを満足させられないリーダーが、お客様を満足させられるわけがない」**といったところでしょうか。

現在、報連相がうまくいっていないようでしたら、インターナルマーケティングの考え

インターナルマーケティングで部下を動かす

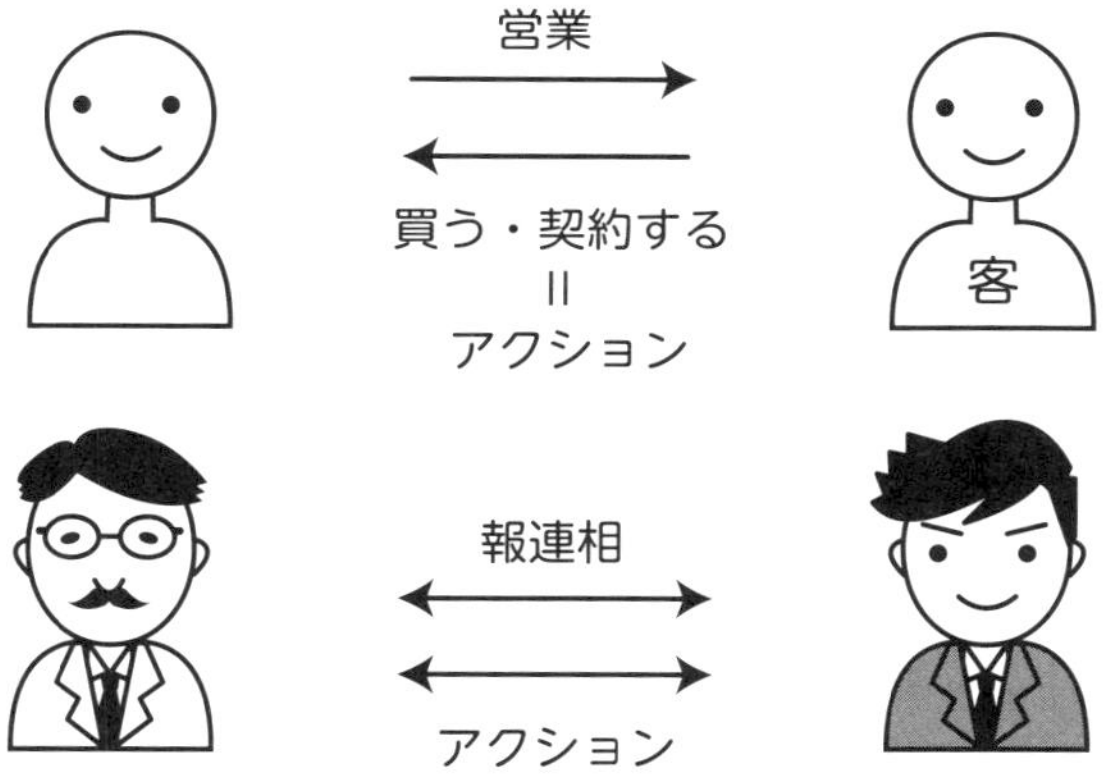

営業も報連相も、目的は相手を動かすこと。
つまり、報連相はメンバーに対する営業活動！

方を取り入れてみるのも一案です。

というのも、社員を顧客として捉えるということは、リーダーはメンバーに対してある種の営業活動をする、と言えます。

営業するということは、すなわち相手に行動を促すこと。

そもそも**報連相を通じて行うコミュニケーションも、相手に反応や行動を促すことが目的**です。

つまり、組織を動かすための報連相は、チームのメンバーを動かすためのコミュニケーションであり、営業活動の一つであると言えるでしょう。

報連相を「社内で行う営業活動」と捉える。すると報連相の見え方が大きく違ってきませんか。

たとえば、商品の購入につながるような情報が入ってきたら、すぐ連絡しますよね。

また、お客様から報告を受けたときにそのままほったらかしにしておく営業マンはいないはず。普通、お客様に対してすぐさまフィードバックするはずです。

同じことをメンバーに対して行っていけば、確実に反応が返ってくるようになり、新たな行動につながっていくでしょう。

7

部下が動かない本当の理由

ルールがわかれば、どんな部下でもできる

さて、今度はメンバーがなぜ行動に移せないのか、見ていきましょう。

営業でたとえるとわかりやすいのですが、売れる営業マンが売れない営業マンを指導するのは、至難のわざです。

売れない営業マンを見ると、

「なんでできないのかな。簡単なことじゃないか」

「常識で考えればわかるはず。なんでそうなるの？」

というように相手のやる気を削いでしまう禁句の数々を発してしまいます。**これは指導とは言えません。**

先ほども出てきた「無意識・有能」タイプのリーダーと同じですが、これまで「こういう感じかな」と思ったことを実行したら、次々売れていった、生まれつきの才能でうまくいってきた、という人です。

大きな挫折や失敗を経験していないので、売れない人の気持ちがわからないのです。

これは私の経験上わかったことなのですが、営業マンの成績が上がらない理由は3つあります。

①やり方がわからない・知らない

②やり方はわかっているが、実行するまでに至らない

③やればできるが、続かない

当たり前のように見えることばかりですが、案外そこに気がつく人は少なく、本来の原因でないところばかりを責めてしまいがちです。

中でも①の「やり方を知らない」から「できない」という人が半数以上を占めます。

「そんな基本的なことからなの?」なんて思うかもしれませんが、それが「無意識有能」な人と「普通の人」との違いと言えるでしょう。

ゲームのルールがわからないと何もできないのと同じで、まず基礎の部分から教えてあげれば、誰でも行動できるようになるのです。

報連相も同じですから、根気よく取り組んでください。

誰でも〝おいしい〟水割りがつくれる方法？

ここで、「やり方を知る」ことの大切さを実感してもらうための例を紹介しましょう。

「〝おいしい〟ウイスキーの水割りをつくってください」

このように言われたら、あなたはどうしますか？

普通につくっただけでは、「おいしい」水割りにはなりません。**「おいしい」という結果を得るためには、そこに至るまでの「正しい行動（プロセス）」が必要**です。

ある酒造メーカーによると、そのプロセスは次の5つに分解できると言います。

①ウイスキーグラスにロックアイスをたっぷり入れる
②ウイスキーを30～45㎖程度注ぐ
③水を足さずにマドラーで13回転半よくかき混ぜる
④ロックアイスを足す

⑤天然水をウイスキーの2～2・5倍ほど注ぎ、マドラーで3回転半軽く混ぜる

そもそも水割りをつくるのに、5つもステップがあるのかと驚かれたかもしれません。

しかし、この「水を足すタイミング」といった行動のプロセスや、「13回転半」「3回転半」「2～2・5倍」といった目安となる指標を細かく指定するからこそ、誰でも「おいしい」水割りをつくることができるそうです。

チーム全体の問題と捉えて解決すべき

「おいしい水割りのつくり方」の話を報連相にあてはめてみましょう。

成果を出す報連相を実現するためには、「どのように報連相をするのか」というプロセスを知ることがまず大切だ、ということがおわかりいただけたのではないでしょうか。

実際、私も報連相をしてくれない部下に「なんで報告を上げてくれないのか」と尋ねてみたところ、「やり方がわからないんです」と返答されたことがあります。

細かいプロセスまで指定すれば、
誰でも一定の成果は出せる

「だったらもっと早く言ってくれよ」と思うところですが、**これには上司や会社にも責任があります。**

なぜなら、これまできちんとした形で教えてこなかったわけですから。

「そこまで教えてやらなきゃいけないの？」

「報連相のやり方なんて、わざわざ説明しなくても、誰もが知っているはず」

このように思われるかもしれませんが、それが現実です。

ですから私は、**挨拶や名刺交換といったビジネスマナーの一つとして、報連相のやり方を指導することをすすめます。**

報連相が一見して「個人スキル」のように見えることも、問題をややこしくしている一因だと言えるかもしれません。

特にこれまでは、新入社員研修などで教えられることが多かったはずです。

それもなぜ身につけなければならないかと言えば、「ビジネスパーソンとして当たり前のスキルだから」、ぐらいの説明しかありませんでした。

しかし、**報連相は、けっして新入社員のパーソナルスキルではありません。**

チーム全員、会社全体に関わってくる組織的なコミュニケーションスキルです。こう言えば、その重要度も少しは伝わるでしょうか。

ですから、**会社や上司が社員教育の一環として、日々報連相のやり方を教えていくべき**だと私は考えています。

それでは、次章からは具体的な報連相のしくみづくりについて紹介していきましょう。

第1章
「チームに必要な Hou Ren Sou とは？」のポイント

□ 企業内のコミュニケーションとは、人を動かし、成果を上げるためのもの。そのためには、「量」ではなく「質」にこだわるべき

□ 報連相がうまくいけば、個人・チーム・会社、それぞれにとってプラスになる

□ バランスのよいコミュニケーションを積み重ねていけば、成果は自然と上がってくる。双方向に同じ量・質の報連相になるよう、心がけよう

□ しくみやシステムを導入して終わり、はＮＧ。目的を明確にした上で、ちゃんと活用する

□ 現状で報連相がうまくいっていないとしても、しくみの整備で解決可能

□ メンバーを顧客と仮定してみれば、自然と報連相すべきこと・タイミングは見えてくる

□ 具体的なやり方まで示せば、誰でも報連相はできるようになる。もしできていないのであれば、責任の一因は上司や会社にあると心得よう

第２章

チームが動く！
Hou Ren Souの始め方

報連相を受けるためには、部下にまず指示を与え、動いてもらわねばなりません。

指示・命令・依頼の仕方一つとっても、後々の報連相に大きな影響があります。そもそもこの段階でつまずいているからこそ、思うように情報が集まってこない、という面もあります。

部下が報連相できる、情報共有が進む指示・命令・依頼のしかたを見ていきましょう。

1

4W2H＋Whyを伝える！

何より大事な「Why」の存在

本章から、第1章でご紹介した「コミュニケーションの全体像」を円滑に運営していくための「ルール」についてお話ししていきたいと思います。

まずは報連相のスタートとなる「指示・命令・依頼」から見ていくことにしましょう。

メンバーに指示や命令を出すときに、みなさんはどんな点に気を配っていますか？　指示や命令は、わかりやすい言葉で正確に伝えなければなりません。加えて、5W2Hを押さえておく必要があります。

5W2Hとは、みなさんもご存知かと思いますが、

Ｗｈｙ（理由、目的）　なぜ
Ｗｈｅｎ（日時、期日）　いつ、いつまでに
Ｗｈｅｒｅ（場所）　どこで
Ｗｈｏ（主体、客体）　誰が、誰に
Ｗｈａｔ（内容、客体）　何を
Ｈｏｗ（方法）　どのように
Ｈｏｗ ｍｕｃｈ（数量、金額）　どのくらい、いくらで

のことです。

中でも**もっとも重要だと私が考えているのがＷｈｙ、「なぜ」**です。Ｗｈｙは他よりも一つ格上と言ってもいいぐらい、重要だと思っています。

それはなぜかと言いますと、Ｗｈｙは「Ｗｈｅｎ、Ｗｈｅｒｅ、Ｗｈｏ、Ｗｈａｔ、Ｈｏｗ、Ｈｏｗ ｍｕｃｈ」のすべてに必要なことで、組み合わせて使われることが多いからです。

たとえば、

「いつまでに商品を用意すればいいですか？」

4W2H+Whyで相手に伝わる！

4W
- When → いつまでに
- Where → どこで
- Who → 誰が／誰に
- What → 何を

2H
- How → どのように
- How much → どのくらい／いくらで

＋

Why → なぜ

「Why」を付け加えると、目的が明確になり、認識のズレも少なくなる

「では、来週までにお願いします」

となったときに、

「それはなぜですか？」

「お客様が来週までに用意してほしいと言っているから」

という理由までを聞き取れば、「確実に来週までに用意しなければ」と思うはずです。


そこで私は5W2Hのことをあえて「**4W2H+Why**」と表現することにしています。

「なぜ」があると期待どおりの成果が出る

Why（目的）がわかると仕上がりがイメージしやすくなります。

仕上がりがイメージできれば仕事も進めやすくなり、コミュニケーションも円滑に進みます。

たとえばお客さんから本の注文を受けたとしましょう。

「○日までに本を100冊用意してください」

「はい、わかりました。○日までに100冊ですね」

確かにこれだけでも指示は伝わります。

では、そこにWhyを加えてみたらどうでしょうか。

「○日までに本を100冊用意してください。セミナーでお客さんに配るそうです」

となると、セミナーでお客さんに配るのであれば、絶対にセミナー当日までに受け取ってもらわねばならない、じゃあいつ・どこに発送すべきか……というように、自分のやるべき仕事がより明確にイメージできるようになりますね。

仕上がりがイメージできるようになると、チーム内の認識のズレも減ります。

第1章で例にあげた提案書の話を覚えていますか?

部下は8時間以上もかけて分厚い提案書をつくり上げました。ところが上司が思い描いていた提案書は数十分でつくれるごく簡単なものだった……。

このように仕上がりのイメージに大きな食い違いが出てしまったのは、なぜその提案書をつくるのか、という目的をお互いに共有できていなかったからです。指示をする際、「Ｗｈｙ」を加えておけば避けられたことかもしれません。

○指示・命令を聞き入れてもらうには？

ときにはメンバーが、あなたの指示や命令を受け入れないこともあるかもしれません。そのようなときにも「Ｗｈｙ」が有効です。

何のためにそれをやるのか、仕事の「目的」を共有できると話がとおりやすくなるからです。

たとえば部下が反論したときに「言われたことだけをやっていればいいんだ‼」と一喝して終わらせてしまったらどうなるでしょうか。

そのときは指示に従うかもしれませんが、納得の上での承諾ではありません。よって、たいていはアンマッチな結果を生むことになります。

アンマッチな結果に対して「なんでこんな結果になってしまったんだ」と叱ったところで、「私はマネージャーに言われたとおりにやりましたけどね」と返されるのが落ち。叱りつける前に、「なぜ」を伝えることを最優先に行いましょう。

2 明確な目的が、仕事の質を左右する

3人のレンガ職人が教えてくれること

目的の大切さを伝えてくれる一つの寓話があります。「3人のレンガ職人」というお話です。ご存知の方もいらっしゃるかもしれませんが、簡単に紹介させてください。

ここは中世のヨーロッパ。旅人がある町をとおりかかったとき、3人の職人がレンガを積み上げていました。気になった旅人は彼らに尋ねました。

「あなたは何をやっていらっしゃるんですか?」

1人目の職人は答えました。

「親方の命令でレンガを積んでいるんだ。大変だからもうこりごりだよ」

3人のレンガ職人の話

親方に言われて
レンガを
積んでるんだよ
レンガで壁を
つくってるんだよ。
給料もいいしね
歴史のある教会の
大聖堂を
つくってるんだ。
光栄だね

目的意識を持って仕事をしているかどうかが、
仕事の完成度はもちろん、本人の将来をも左右する

隣で作業していた2人目の職人にも同じことを聞きました。

「レンガを積んで壁をつくっているんだよ。仕事は大変だが、生活のためには仕方がない。それに、賃金はいいし」

3人目の職人にも同じ質問を投げかけました。

「私は、完成まで100年以上かかる教会の大聖堂をつくっているんだよ。この教会は多くの信者の心のよりどころとなり、完成したらたくさんの人が喜ぶだろう。このような仕事に携わることができてとても光栄に思っているよ」

同じ仕事をしているにも関わらず、**3人の答えは全く別もの。**

それでは、ここで質問です。

もしあなたが家を建てるなら、3人のうち誰に頼みますか？　**誰が一番いい仕事をすると思いますか？**

腕の善し悪しはあるかもしれませんが、3人目の「非常に重要な教会の大聖堂をつくっている」と答えた職人が一番いい仕事をしてくれると期待できるでしょう。

それはなぜでしょうか？

答えはもうおわかりですね。目的を持って仕事に向かっているから、です。

単純に「レンガを積み上げればよい」と思ってした仕事と、**目的を持ってした仕事とでは、自然と仕上がりのクオリティも違ってきます。**

ただ壁をつくればいいだけであれば、どんな風にレンガを積もうが、関係ないとも言えます。

しかし、きっちりと「これは歴史的に価値のある教会だ」とわかっていれば、「教会にふさわしい、美しい壁をつくらねば」という意識にもなります。

このように、ある行動をするときに目的（ビジョンや方向性と言い換えてもよいでしょう）を持って行動しているかどうかは、その後の結果に大きく影響してきます。

またそれは、その人の将来にも関わってきます。

先ほどの３人の職人の10年後の姿を想像してみてください。このうちの誰が一流の職人になる可能性を秘めていると思われますか。答えは言うまでもありませんね。

「何のためにその仕事をするのか」という目的を持っているか否かで、成果や仕上がりは大きく違ってきます。

それを積み重ねていくことによって、より高い質の仕事ができるようになるのです。

ぜひ、指示・命令・依頼の際には、その仕事の「目的」を意識して伝えるようにしてください。

そして最後に、リーダーとしては、周囲に「目的」意識を求める前に、自ら３人目の職人のような働き方を心がけましょう。

というのも、先ほどの３人のうち、誰と一緒に働きたいかを考えれば、すぐにわかることかと思います。あえて聞くまでもなく、３人目の職人ですよね。

あなたのチームのメンバーや同僚に、「一緒に働きたい」と思ってもらえることもリーダーとしてはとても重要なことです。どうか覚えておいてください。

3 スムーズに仕事が進む指示の出し方

4W2H+Whyは漏れなく伝える

繰り返しになりますが、メンバーに指示や命令を出すときは、4W2H+Whyを伝えるのが基本です。中でも、期限(When)は伝え忘れることが多いので気をつけましょう。

指示や命令から「いつ」や「いつまでに」が漏れてしまうと、行き違いが生じやすくなり、次のような問題が起こりやすくなります。

上　司「aさん、この前頼んだ書類、できあがってる?」

aさん「いえ、もう少しかかりそうです。もしかしてお急ぎでしたか?」

上　司「いや、今日の会議で配布する予定だったんだ……。困ったな……。うーん、わかった。私が会議までに何とか間に合わせるから、大丈夫」

ａさん　「……」（心の中で「だったら頼むときにそう言ってくださいよ」）

期限以外はしっかりと伝えていたのですが、「いつまでに必要」ということをうっかり忘れてしまいました。その結果がこれです。

このように**うっかり伝え忘れてしまったり、逆に聞き忘れてしまったりする事柄には人によってクセがあります。**「忘れグセ」とでも言えばよいのでしょうか。

ちなみに、私がいまの仕事で駆け出しだったころ、よくお客様のヒアリングで聞き忘れてしまったのは、「商品単価」と「見込客数」の２つです。

それ以外の、たとえば「お客様がどのような方」で「売ってる商品は何」ということを聞き忘れたことはまずありません。

ですが、なぜか「商品単価」と「見込客数」を聞き漏らしてしまうことが幾度かありました。

だから、「商品単価」と「見込客数」に関しては、未だに気をつけています。

みなさんも、もし私のような「忘れグセ」をお持ちのようでしたら、４Ｗ２Ｈ＋Ｗｈｙと同時にそれらも意識的に伝えるようにするとよいでしょう。

部下の仕事の交通整理

依頼している仕事が複数件あるときは、期限だけでなく、優先順位も伝えてあげましょう。メンバー個人に任せるのではなく、上司であるみなさんが、です。

でないと、**すべての仕事が最優先に見え、混乱してしまいます。**

特に期日の近いものがいくつもあるときはなおさらです。

多くの場合、期日を切ることで自ずと仕事の優先順位やスピード感が見えてきます。

ところが、似たような条件の案件が重なってしまったときは、どれを優先すればよいのか、メンバー自身には判断しづらいことがあります。

なぜなら、仕事の優先順位は、すべてのタスクを把握していないとつけられないからです。

「3日前に頼んだ仕事よりも、さっき頼んだ仕事が優先する」こともあるでしょうし、逆に「さっき頼んだ仕事は、3日前に依頼した仕事が終わったあとでもいい」こともあるでしょう。

そこで仕事を依頼する上司が期日と一緒に優先順位をつけてあげる、いわば部下の仕

部下の仕事をしやすくするコツ

1 期日を切る

→仕事の優先順位、スピード感が見えてくる

2 優先順位をつける

→案件が多い、期日がかぶるときは、あらかじめ交通整理を！

3 確認グセをつける

→わからないときはすぐに確認してもらう

事の交通整理をしてあげるのです。

また、混乱をきたしやすい人には「仕事の優先順位がわからなくなったら必ず確認するように」と伝えておくとよいでしょう。

たとえば「どっちも大事、最速でお願い」と依頼されたときなどは、必ず確認してもらうようにする。

「すみません、どちらかと言えば、どっちが優先ですか？」

「最悪、明日に回していいものはありますか？」

これによって、**優先順位に迷うことなく、スムーズに業務が進められる**ようになります。

期限を切る、優先順位をつける、わからないときは随時確認してもらう、この3つに気をつけると、仕事の実行度合いは必ずアップするはずです。

4

上司のひと工夫で効率アップ

具体的なイメージが行動を促す

仕事を依頼する際には「参考になる資料」や「やり方」そのものまで説明すると、仕事のムダを減らすことができます。

たとえば、提案書一つつくるにしても、「新規で一からつくらなければならない」のか、それとも「既存のAという提案書とBという提案書を組み合わせてつくればよいのか」といったところまで踏み込んで指示をする、ということです。

私たちの業務を例にもう少し詳しくお話ししましょう。

私たちはコンサルティングに入る前に、必ずお客様へのヒアリングを行います。

お客様によっては、そのヒアリングした結果を報告書にまとめて提出してほしいと言われます。同行した部下にその作成を依頼するわけですが……。

気の利いた人なら「報告書の作成にあたって、参考になる資料はありますか?」と向こうから聞いてきますから、「どこどこの会社のと、どこどこの会社の報告書を見てくれれば、だいたいのイメージが湧くから参考にしてほしい」とアドバイスします。すると「わかりました、では、見ておきます」と返し、指示は完了します。

しかし、**そうそう気が利く人ばかりではありません。**

こちらが「報告書つくっておいてくれ」と言ったところ、第1章にあげた例のように、分厚い報告書を一からつくってくるタイプの部下だっているのです。

そんなムダを避けるためにも、上司であるみなさんのほうから「参考になるもの」や「やり方」をあらかじめ細かく伝えて、スムーズに進められるように導いてあげるのです。

相手が具体的にイメージできるような方法で伝える

報告書に図や表を入れてほしいときなどは、メモ書きでも殴り書きでもかまいませんので、とにかく紙に書いてイメージを伝えるとよいでしょう。**口だけで説明するよりも、確度が上がります。**

人を動かすには、相手の頭の中に〝具体的なイメージ〟を構築してあげることが肝心です。

営業マンがお客様を購買行動へと駆り立てたり、上司が部下の行動を促したり、自分自身を何らかの行動へ突き動かすときの「最強のトリガー」となるもの、それは具体的なイメージにほかなりません。

業務裁量を明確にすればダブりはなくせる

野球用語で「お見合い」というと、フライが打ち上がって複数の選手が「お前が取るだろう」「お前が取るだろう」とお互いに牽制し合っているうちに、ポトンとボールが地面に落っこちてポテンヒット――このような場面で使われます。

実は会社の中でも同じようなミスが起こっています。

たとえばあなたがメンバーbさんに依頼したプレゼンの資料。文字部分だけを用意してもらい、図表や写真は外部のデザイナーに依頼するつもりでした。ところが依頼を受けたbさんは「最後まで仕上げなければならない」と勝手に思い込み、図や表の作成に多くの時間を費やしてしまったのです。

逆に、お互いに「やってくれる」と思っていて期日になって誰もやっていなかった、なんてこともあります。

なぜこのようなことが起こってしまうのか？　それは、**業務裁量を決めていなかったからです。**

「君にはここまでやってもらいたい。そこから先はほかの人にお願いするから、作成に必要なデータだけ用意してくれればいい」

指示をするときにこのような一言を加えておけば、きっと失敗は防げたはずです。

野球の話に戻すと、「それぞれの守備範囲に白線を引き、それを超えて相互に補完し合う場合には、お互いに声を出し合えよ」ということ。

上司も部下も互いに伝え合い、互いに確認し合えば、仕事上の「お見合い」は大きく減るでしょう。

5

大事なことは紙に書き出す

メモは重要

仕事を依頼するときは、できるだけメモを取ってもらうようにしましょう。

メモの一番の目的は、(言うまでもないですが) 忘れないようにするためです。もし忘れてしまったとしても、メモが残っていれば、記憶を呼び戻すトリガーとして働いてくれます。

メモを取るという行為には、もう一つ大きな効果があることをご存知でしょうか?「あなたからのメッセージをしっかりと受け取っています」ということを、話し手に伝えることができるのです。メモを取ることで、話し手は「ああ、私の話をきちんと受け止めてくれているんだな」と安心します。

お互いに安心感を与え合うことは、円滑なコミュニケーションを実現するためには欠かせません。

特にお客様との商談にメモは必須です。お客様との商談の席では「あなたの言ったことを一語一句、私は聞いてます」や「すべて受け止めておりますので、ご安心ください」とメモを取ることでアピールするのです。

これが信頼関係構築の一助となります。

でもメモ魔ほど話を聞いていない

ただ、社内のミーティングなどにおいてのメモの取り方は、対お客様とは違ったところがポイントになります。

メモを取るときの大きなポイントは、当たり前ですが、絶対に落としてはいけない要点だけ、あるいは見落としがちな部分や忘れがちな部分だけをメモすることです。

中には、こちらが指示を出すたびに、「ちょっと待ってください」と話を止め、書き終えると「はい、どうぞ」と、**こちらの話を一言一句書き留めようとする人**がいます。

まじめに聞こうとするその態度はいいのですが、何でもメモに残そうとする「メモ魔」

ほど話の内容が頭に残っていません。

どうでもいいことまでメモしているので、そもそもちゃんと話が聞けていませんし、話を聞いていないので、どこが大事なポイントなのかもわからない。その上、メモしたことで安心するので、メモしたあとはすっかり忘れてしまいます。

みなさんが話をしている最中に必死になってメモを取っている人がいたら、こう問いかけてみてください。「ずっとメモを取っていたようだけど、いまのミーティングでどんな話をしていたか、いったんノートを閉じて説明してくれないか」

恐らくうまく説明できないでしょう。

不安になったらすぐ確認

メモの取りすぎの弊害はほかにもあります。メモした内容が多すぎると、あとで見返したときにどこが重要な部分なのかがわかりにくくなり、結果として見返さないことが多くなるのです。

メモを取るときは要点を押さえて取る。これがポイントです。

そもそも相手の話の要点を押さえることができない、というのも問題だと言えます。

確実な指示・命令のしかた

①メモを取ってもらう
②メモするのは要点だけ
③要点は最後に復唱！

要点がわからないということは、話している内容の重要度がわからないということですから。

みなさんが大事なことを話しているときに、それをメモに残していないようなら、「すまないが、いま言ったことは重要だからメモしておいてくれ」と一言添えるといいでしょう。

逆に、重要な部分をきっちりメモしてくれていると心強いですね。こちらの話を理解しているので、仕事のイメージが共有できている証と言えます。

自分の話がきちんとメンバーに伝わっているか、しっかりと理解できているかどうか確認したいときは、最後に指示の内容を復唱してもらうとよいでしょう。

書いたメモを見せてもらったり、ＰＣに打ち込んだ内容を見せてもらってもかまいません。

6 期日ギリギリのリマインドは迷惑千万

「指示出しっぱなし」上司は百害あって一利なし

仕事を依頼したら、リマインドするのを忘れないようにしましょう。つまり指示を「出しっぱなし」にしない、ということです。

よく「お前に任せた」と言って、締切のギリギリまで進捗を確認しない人がいますが、これは自分で自分の首を締めるようなもの。

大事な仕事であればあるほど、リマインドを忘れると、受注を逃す、契約解除など、不利益を被る可能性は高いです。

指示とリマインドはセットであると、肝に銘じておいてください。

特に締切までの期間が長いものには要注意です。

たとえば翌月末までに仕上げてほしい仕事であれば、翌月の頭ではなく、今月の末日に一回リマインドをかけるか、進捗を報告してもらいます。

メンバーには仕事の発注段階で「○月○日に中間報告をしてください」と伝えて、ミーティングのスケジュールを入れておけば完璧です。

そのときチェックすべきポイントは、依頼した仕事が滞っていないかどうか、方向性が違っていないかどうかの2点です。

このように**依頼した仕事のことを思い出させる、あるいは催促するのは指示する側（つまり上司）の大事な仕事**です。

万が一、期日をすぎても何の報告もなかったら、「あれ、どうなっている?」とすぐさま確認するようにしてください。

忘れる上司は信頼されない

指示した上司が、頼んだことを忘れてしまうケースもまれにあります。

はっきり言ってこれは最悪です。

ある日、依頼された仕事を終えて上司に報告しにきた部下cさん。

ｃさん 「頼まれていた、A社に提出する資料が用意できました。確認をお願いします」
上　司 「あっ、あれ、やっといてくれたんだ（意外そうな顔）」
ｃさん 「えっ、もしかして必要なかったんですか？」
上　司 「いやっっっ……あったらあったで便利だし……、とにかく、ありがとうな」
ｃさん 「はい」（でも内心……なんだそれ⁉）

大事な仕事と思ってきっちり仕上げたのに、上司から「やってくれたんだ、ラッキー」的な反応をされたら部下はどう思うでしょうか。

きっと意気消沈です。**モチベーションも上がりませんし、今後の信頼関係も危うい状況**ですね。

このようなことが起きないよう、上司のみなさんも「自分自身」にリマインドをかけるのを忘れないようにしてください。

コラム◇やる気スイッチのありか

人によってやる気がわいてくる「動機づけのスイッチ」は違います。

人の上に立つリーダーは、それをうまく刺激しながら、指示・命令を行わなければなりません。

上司と部下の間のコミュニケーションを円滑にしてくれる、動機づけのスイッチは「方向性」「判断基準」「選択理由」の3つから成り立っていると言えます。

そして、3つのポイントそれぞれに相反するタイプが存在します。目的志向型と問題回避型、内的基準型と外的基準型、オプション型とプロセス型です。

指示や命令を出すときは、相手のタイプに合わせて「やる気のトリガー」を引いてあげることが大切です。タイプ別の分析と、その人達に「刺さる」言葉、タイプを見極める質問をあげてみました。参考にしてみてください。

①目的志向型・問題回避型

目的志向型は達成したい目標を持ったときに、問題回避型は問題に直面したときにスイッチが入るタイプです。ですから、目標があったほうが燃えるタイプなら目標を与える、追い込まれるほうがいいなら危機感をあおるなど、その人に合わせた仕事の依頼のしかたをしてみましょう。

・目的志向型には……「目標」「ゴール」「手に入れる」「取得する」「どうにかして〜したい」

・問題回避型には……「問題」「リスク」「回避する」「解決する」「処理する」「〜だけは避けたい」

・両者を見極めるには↓「なぜですか?」と理由を聞いてみる

②内的基準型・外的基準型

何かを決めるときに、「あとは自分で判断します」「私の意見はこうです」など、自分で考えたことを元に決めるタイプが、内的基準。反対に、「みんなの意見も聞きたい」「お客様の意見はこうです」など、外部の情報に頼るのが外的基準タイプです。

何か物事を決めるときに、自分一人で決めてしまうのか、周りの人の意見を聞いて決めるのか、そして、どちらのほうがよりやる気を持って仕事に臨めるのか、見極めてアプローチしましょう。

・内的基準型には……「○○さんなら自分でわかるよね」「最終的に意思決定できるのは、○○さんだけ」「○○さんがご自身で判断してください」

・外的基準型には……「△によれば…だそうです」「周りの意見も聞いて（調べて）決めてください」

・両者を見極めるには↓「●●だとなぜわかりましたか?」と根拠を尋ねる

③プロセス型・オプション型

指示を出すときに「まずこれをやってくれ」「次にこれをやってくれ」「その次にこれをやってくれ」……。このように手順を細かく指示することでやる気になる人がいます。

一方で「基本はこう。でも、ほかにこんなのもある。あとは自分で考えて、一番やりやすい方法で」。このように選択肢や可能性をいくつも提示してあげるとやる気になる人がいます。

前者をプロセス型、後者をオプション型と呼びます。

プロセス型の人に複数の選択肢を提示すると何をやってよいかがわからなくなり行動できません。逆にオプション型の人に「次にこれをやってください」と言ってしまうとやる気を失わせることになります。

仕事を依頼する際は、どちらのタイプかよく見極めて、プロセス型なら細かく、オプション型ならある程度自由にできる余地を残してオーダーしましょう。

・プロセス型には……「ルール／マニュアルに従って〜してください」「まず〜から、次に…して」

・オプション型には……「自分なりにやり方を変えてもらってOKです」「新たな選択肢を模索しよう」「可能性を追求しよう」

・両者を見極めるには↓「どうして今の○○を選んだんですか？」と選んだ理由を聞いてみる

第2章
「チームが動く！Hou Ren Sou の始め方」のポイント

□ ４Ｗ２Ｈに加えて、「Why ＝なぜ」まで伝えると、メンバーの仕事の精度は上がり、実行度が増す

□「何のために」仕事をするのか、をきちんと理解しているか否かで、仕事の質、ひいては本人の将来にも影響が及ぶ

□ 仕事の発注時は必ず期日を伝え、プラス優先順位も伝えてメンバーの仕事の交通整理をしてあげよう

□ 具体的なイメージを提示する、どこまで任せるのか決める、この２つで二度手間・三度手間をカット！

□ 仕事の依頼時には、要点のメモ、復唱を徹底しよう

□ 締切前になって「あれどうなった？」は絶対にやってはいけない。早め早めに進捗と方向性の確認を行っておけば、ミスも防げるし、確実に成果に向かっていける

第３章

Hou告が
自然に集まるしくみ

リーダーにとって、進捗状況や仕事に関する情報はあればあるほど助かるもの。

しかし、報告が上がってこなかったり、報告のタイミングが遅かったり、報告自体に時間を取られてしまったり……となかなか思うようにはいきません。

どのようにすればメンバーが自発的に、かつ効果的な報告を上げてくれるようになるのか、そのしくみのつくり方をお教えします。

1 報告で押さえておくべきポイント

結論とテーマで内容は8割がた把握できる

まず、何をどのように報告してもらえばよいかお話しします。

みなさんの中には、実務とチームの管理を兼任されているプレイングマネージャーの方が大勢いらっしゃることと思います。

日々の業務で忙しい中、メンバーからの「報告」を受ける。そのときに**真っ先に知りたいことと言えばやっぱり「結論」**ですよね。

よく言われることですが、報告はまず結論から。これは上司・部下関係なしに重要なことと言えます。

とはいえ、話の主旨が最後にくる日本語の特性上、私たちは結論から話すことにあまり慣れていません。ですので、意識して結論から話し始める必要があります。

加えて、結論と同時に知りたいことは、話の「テーマ（主題）」ですよね。「何に関する報告なのか」「良い報告なのか、悪い報告なのか」「お客様からの受注なのか、クレームなのか」など、**結論と同時に話の主題を提示してもらうと、大体の内容がつかめるので、話を聞く態勢が整えられます。**

「今日いただいた受注の報告、していいですか」

「A社とのトラブルが解消しました。そのことに関して報告してもよろしいですか」

このような具合です。

逆に悪い例はどのようなものかと言うと、「ちょっといいですか」と声をかけられて「いいよ」と答えたところ、「こういうお客さんがおりまして、このお客さんがこうこう申しておりまして……」のように、何を報告しようとしているのか判然としないものです。

次のような例もあります。

「ちょっといいですか」と不安そうな声で話しかけてきたので、「何かトラブルでも？」と身構えていると、「こういうお客さんがおりまして、値引きを依頼されたので、値段を調整してご提案したのですが、このまま進めていいでしょうか?」と言います。

「そこまで進んでいるなら、もう受注したも同然で、嬉しい話のはずなのに、やけに深刻そうだな……」と思いながら、さらに話を聞いていくと、やはり受注の報告でした。

「なんだ、おめでとう! 受注したんだな。不安そうな顔をしてたから、てっきり悪い報告かと思ったじゃないか」

こんな言い方では心臓に悪いですよね。

いい報告ならいい報告らしく、もっと明るく「どこそこから受注できました!」で始めて、そのあとに話の詳細（受注にあたって条件を調整したこと）を説明してくれれば、いらぬ心配はしなくてすんだでしょう。

上司がイヤがる「ちょっといいですか」

報連相を受ける際、次のように声をかけられることが少なくありません。

「ちょっといいですか」

「少しお時間をいただけませんか」

これらの「ちょっと」や「少し」は厄介ですし、正直こう言われると「何の話をされ

報告で大切な３つのポイント

①まずは結論から話す
②テーマ、何に関する報告なのかをハッキリさせる
③大体の所要時間を伝える

以上の３つを押さえれば、効率よく報告することが可能

るんだろう……」と不安になるものです。

みなさんも体験されていると思いますが、**「ちょっと」や「少し」の幅は人によって開きがあります。**

こちらが数分と見積もっていても、相手は「10分ぐらいならいいだろう」と思っているかもしれません。

５分後には出なければいけないというときに、「ちょっといいですか」と声をかけられ、10分も20分も話をされてしまったらどうでしょうか。

「ごめん、続きはあとで」と言って話を途中で切ってしまうか、あせる気持ちから「で、結論は何？」と強い口調で返してしまうかもしれません。

こういったことを繰り返していると、報告する側も「マネージャーはいつも忙しそうだからあとにしよう」と**報告の機会が自然と延ばし延ばしになってしまう**でしょう。

この問題は、**最初に所要時間を確認することで簡単に解決できます。**

たとえば「いま15分ほどよろしいですか。どこそこの受注に関する報告です」と言ってくれれば、「あ、いいよ、15分だったら大丈夫。A社の受注の件だな」と対応できますし、すぐに出かけなければならないときには「ごめん、15分はちょっと無理。5分ですむならいいよ」と答え、それで難しいようであれば新たに場と時間をセッティングすればよいのです。

報告で声をかけてもらうときは、「結論」「テーマ」「所要時間」に気をつけてもらうと、情報の流れがかなりスムーズになるでしょう。

部下目線① タイミングはよーく見極めよう

ここで少し、部下目線から見てみましょう。

報告するときは報告する内容はもちろん、できればタイミングにも気をつけたいところです。

物事には何でもタイミングというものがあります。

報連相で言えば、相手が報告にじっくりと耳を傾けられるタイミングとそうでないタイミング、報告内容についてフィードバックできるか、連絡・相談を受けられるかどうか、といったところでしょうか。

上司といえども一人の人間。そのときの「感情」に引きずられることもあります。

同じ報告をしても、「ま、そんなこともあるだろう」「気にしなくてもいいんじゃない」で終わる話が、「お前、何年、この仕事をやっているんだよ」「毎回毎回、同じミスばっかりだな」と怒られることだってあるでしょう。

そうならないよう、ぜひ受け手のタイミングを見計らって報連相してほしいものです。

相手の置かれている状況を理解して報連相する、こうした心配りも社内コミュニケーションの円滑化には必要ではないでしょうか。


「上司が受け入れやすいタイミングに気を配る」と言えば、私が営業マンをしていたころ、お客様から次のように依頼されたことが度々ありました。

「週明けのミーティングで部長の承認をもらう予定ですが、そのときの部長の気分もあるので、2週間ほど時間をもらっていいでしょうか?」

実はまとまった金額の注文になればなるほど、こうしたお客様は多くなります。

どんな会社でも、どんな人でも、そのときに置かれた状況によっては、イエスがノーに、ノーがイエスに振れる瞬間があるというわけですね。

「上司が受け入れやすい状況が読めない」ということでしたら、特定の場にいるときを狙ってみたらどうでしょう。

たとえばタバコを吸う上司だったら喫煙所にいるときを狙う。変な話、喫煙所は報告や相談をするにはうってつけの場所です。喫煙所にいるということは、業務時間中とはいえ、休憩中。だからどんなに忙しい上司であっても「いまは時間がない」といって無下に断ることはできないわけです。

そのほか、社員食堂や休憩ルームなど、ちょっとひと息入れているときが狙い目と言えます。

逆を言えば、上司の方は部下に「ちょっと……」と言われたら、嫌な顔をせず受け止めてほしいものですね。

上司が話を聞きやすいタイミング、場所を見計らって声をかける

2 正確な情報の捉え方

部下の言い分、お客様の言い分

報告のテーマや結論がわかったところで、いよいよ詳細に入っていきます。

報告を受ける際に大切なのは**「事実」と主観に基づいた「意見や憶測」を分けて話してもらうこと**です。

ある日突然、部下のａさんがやってきて、慌てた様子で報告を始めました。

「マズいことになってます」「大変なことになってます」「クレームになります」とまくしたてます。

事情を聞けば、私たちの会社では月に一度勉強会を開いているのですが、お客様の中の一人が欠席されました。そこで後日、そのお客様宛に欠席した回のＤＶＤをお送りする約束になっていたのですが、それがいまもってお客様の手元に届いていないという問い合わせを受けたようです。

ａさんが事務局に確認すると「すでに送った」との返事。

それをお客様にお伝えしたところ、「そちらが送ったとしても、私が受け取ってないんだから意味はない。普通、送ったら送ったで、『届きましたか』と電話を一本入れたりするもんじゃないか」と話がこじれていってしまったそうなのです。

「お客様は怒っている」と早合点したａさんは、「自分の力ではもう無理だ」と判断し、私のところに泣きついてきたのです。**もう半分パニック状態で、「すごいマズいです」や「これはもうクレームです」の一点張り。**

ただ、そのお客様とは私も親しくしているので、人柄もよく知っているつもりです。私の記憶では、大声でどなりつけたり、多少のことでクレームをつけてくるようなタイプではなかったので、報告をすぐには信じられない思いでした。

とはいえ、ａさんがそんな状態ですから、「わかった、私のほうで引き受けるから」と言って、直接お客様に電話をしてみたところ、**事情は全く違っていました。**

「あれっ、野部さん、どうしたの？　社長じきじきに電話なんかかけてきて……」

お客様は少しも怒っておらず、ましてや「クレームだ！」という雰囲気でもありません。

部下から聞いたことをお客様にお伝えすると、「あれっ、やっぱりクレームだと思われちゃった？　そういうつもりじゃなかったんだけど、関西弁だったからかな。悪いことしちゃったね」と逆に謝られてしまいました。

結局、この問題は改めてＤＶＤを送り直すことで解決となりました。

お客様からすると、ＤＶＤを送ってもらうよう依頼すると同時に、親切心からアドバイスを一言添えてくださっただけのことだったのです。

主観はあくまでも主観

このあとａさんに指導しました。

「報告するときは、まず事実だけを説明してほしい。

あなたの意見や考え、あるいは〝お客さんがこういう風に感じているのではないか〟という憶測は分

部下の意見・憶測を真に受けない

意見・憶測と事実の違い

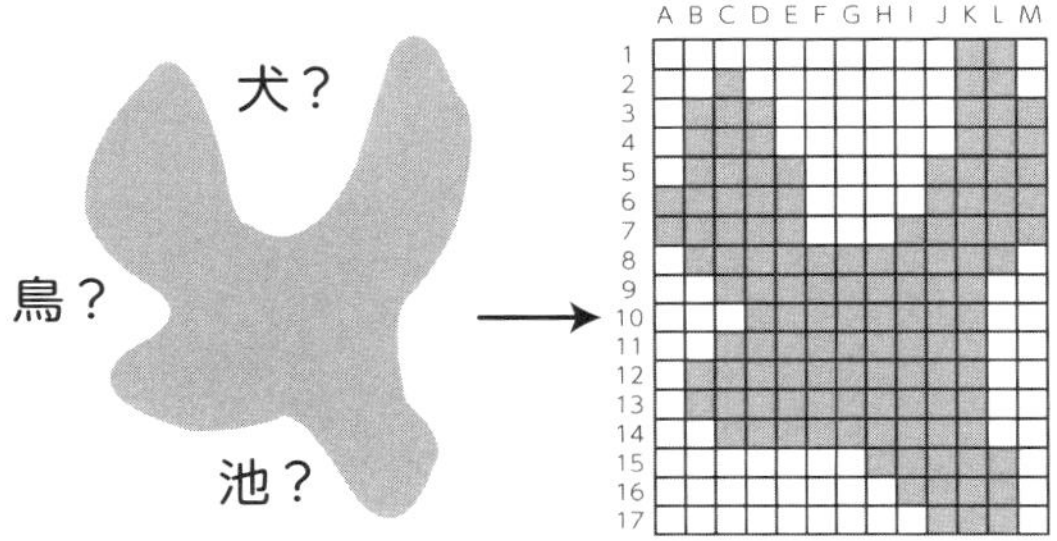

主観が入ると情報は伝わりづらくなる。

事実に基づけば、正しく伝わる

けてもらわないと、紛らわしいからね。もちろん、意見は意見で報告してくれてかまわない。『相当マズいように思います』という印象の報告もOK。ただし、事実とは分けて報告するよう、気をつけてほしい」

ここでいう事実とは「DVDが未着である」ということだけで、それ以外の「マズいことになってます」「大変なことになってます」「クレームになります」は**すべて担当者の意見や憶測にすぎない**のです。

事実と主観を分けると言えば、上記のような例があります。

みなさんは、この絵を見て何を思い浮かべますか？

犬の横顔？　それとも鳥ですか？　さまざま意見があるでしょうが、**それらはすべて主観に基づいた意見や憶測にすぎません。**

犬や鳥と言われても、それぞれの人が思い浮かべる犬や鳥は様々で、この形を再現することは不可能です。

それでは「事実」としてどう伝えたらいいのかというと、右にあるようにマス目に落とし込めば、必ず誰でも同じ形が再現できます。

この例からわかるように、主観が入り込むと情報は伝わりにくくなり、事実だけを端的に説明したほうが正しく、なおかつイメージを共有しやすくなります。

裏づけのない噂は信用しない

主観による意見や憶測に近いものとして、人づてに聞いた「噂」があります。こうした噂話も事実と分けて報告してもらいましょう。

あるとき、一人の社員から報告を受けました。

「A社がうちとの契約を反故《ほご》にして、ライバル社のBと契約を結ぼうとしています」

もしそれが事実だとしたら一大事です。

「おいおい、ホントかよ⁉」

「残念ながら本当のようです」

と真剣な顔をして答えます。

そこで重ねて情報源を尋ねてみると、「ここだけの話と前置きされた上で、cさんから教えられた」というではないですか。

そこまで聞いて、私は単なる噂話にすぎないと判断しました。なぜならcさんはA社の一介の担当者にすぎず、わが社とA社の案件は社長や役員クラスが経営判断する類のものだったからです。

念のためA社に電話をかけて確認してみると、「引き続きお願いしようと思っていますが」との返答。

この社員はcさんから話を聞いて「それはまずい。一刻も早く上司に知らせないと」と親切心から報告してくれたのでしょうが、**事実確認をすませてからにしてくれよ……というのが上司の本音**ですよね。

もちろん情報の真偽よりもスピード感が大事なときもあるでしょう。

そのようなときには、「まだ憶測や噂の段階なんですけれども、先にお耳に入れておきたいお話があります」とか「事実確認してから、再度報告しますんで、ちょっと知っておいてください」「いまの時点では中間報告ですが……」などと一言添えて報告するだけで、誤解が生じにくくなります。

事実と意見・主観は分けて報告。チーム内ではこれを徹底させましょう。

3 伝わる報告書はこうつくる

ひと目でわかる非文章形式

社員の「報告」全般を文書でやりとりしている会社も多いことでしょう。

たとえば営業日報もその一つです。

現在では社内システムや何らかのフォームに則って作成することが多いかと思いますが、細かい部分は文章で書かなければならないことが多いのではないでしょうか。

しかし、文書による報告は、通常の「今日は○○社と打合せて……」などという文章タイプよりも、「日付：○月×日、取引先：△△社」という非文章タイプのほうが主観や憶測が入りにくいものです。

また、**規定のフォームがあると、報告にかける労力も少なくてすみ、とても効率的**です。

報告の形式によっても伝わり方は違う！

◇文章タイプ例

1件目は山田重機に行きました。ここはABC商事さんの紹介で、新規顧客です。購買部長の鈴木さんと会い、当社の「カラーコピー君」を紹介しました。この会社はカラーコピー機に関しては以前から導入するか否かの議論があり、今回は恐らく1カ月以内に稟議がおりそうです。しかし、ライバルの小塚商会さんがすでに競合商品を提案しており、次回の訪問では最終見積を…

◇非文章タイプ例

日時	6/25　10：30 ▼
顧客	山田重機（株） ▼
担当者	鈴木　様 ▼
きっかけ	ご紹介 ▼
商品	カラーコピー君 ▼
活動	打合せ（訪問） ▼
進捗	導入検討中 ▼
次回予定	見積提出 ▼
競合	小塚商会 ▼

非文章のほうが入力もしやすく、パッと見で内容が把握できる

上記に例をあげてみました。

いかがでしょう、どちらのほうが頭にすっと入ってきましたか？

右の非文章タイプのほうですよね。

では内容を確認しやすいのはどちらですか？

これも**圧倒的に非文章のほう**だと思います。

非文章のメリットはこれだけではありません。

従来の文章タイプは書いたり、入力したりするのに時間がかかります。

その上、作文的になりやすく、主観がドーンと入ってしまうことがよくあります。

一方の**非文章タイプは入力も簡単で、主観が入り込む余地はありません。**あらかじめ用意された選択肢（システムではプルダウンメニュー）から選ぶようになっているからです。

たとえば「お客様との商談はどこまで話が進んでいるか」であれば、「活動」や「進捗」から該当する項目を選ぶ。「次にどんなアクションを予定しているか」といったら「次回予定」から選ぶ。

非文章タイプの選択式・チェック式なら、このように簡単に報告を上げることができ、かつ読む側も楽に事実だけを確認できるのです。

4

いつ報告してもらうか？

前もってリマインドしておくのが得策

「A社の件は大丈夫か？　問題があったら言ってくれ」

「B社との交渉はうまくいっているか？」

こうしたリマインドをかけるのは、みなさんリーダーの仕事です。

それに対して、**メンバーはマメに報告を上げていく義務**があります。

第2章でも触れましたが、特に「丸投げ」している仕事、すべてを個人に任せている仕事であればなおさらのこと。

丸投げはその人を「あいつなら大丈夫」と信頼しているからこそ、あるいは「育てていこう」「成長させよう」といった期待感があるからこそできるものです。

ですから、リーダーからリマインドをかける前に随時報告を入れてきてほしいところなのですが、**メンバーも報告すべきタイミングがつかめなかったりと、実際にはなかなか難しい**と思います。

いつまでに報告を入れるよう、あらかじめ指示する際にコメントしておくのが賢明と言えるでしょう。

報告のベストタイミング

では、どのタイミングで報告してもらえばよいのでしょうか？

定期的に報告できる機会を設けるのも一つの案ですが、いままさに動いている案件であれば、その**「動き」に合わせて報告してもらうのが一番**です。

たとえば、2000万円の広告費を使った、来年度の広告のコンサルティング。その提案書の提出期限が今週末に迫っています。このような場合は、それこそ毎日、報告を上げてほしいところです。

逆に、提案書が無事にできあがったあと、実際に商談を始めるのは来年度の4月から。

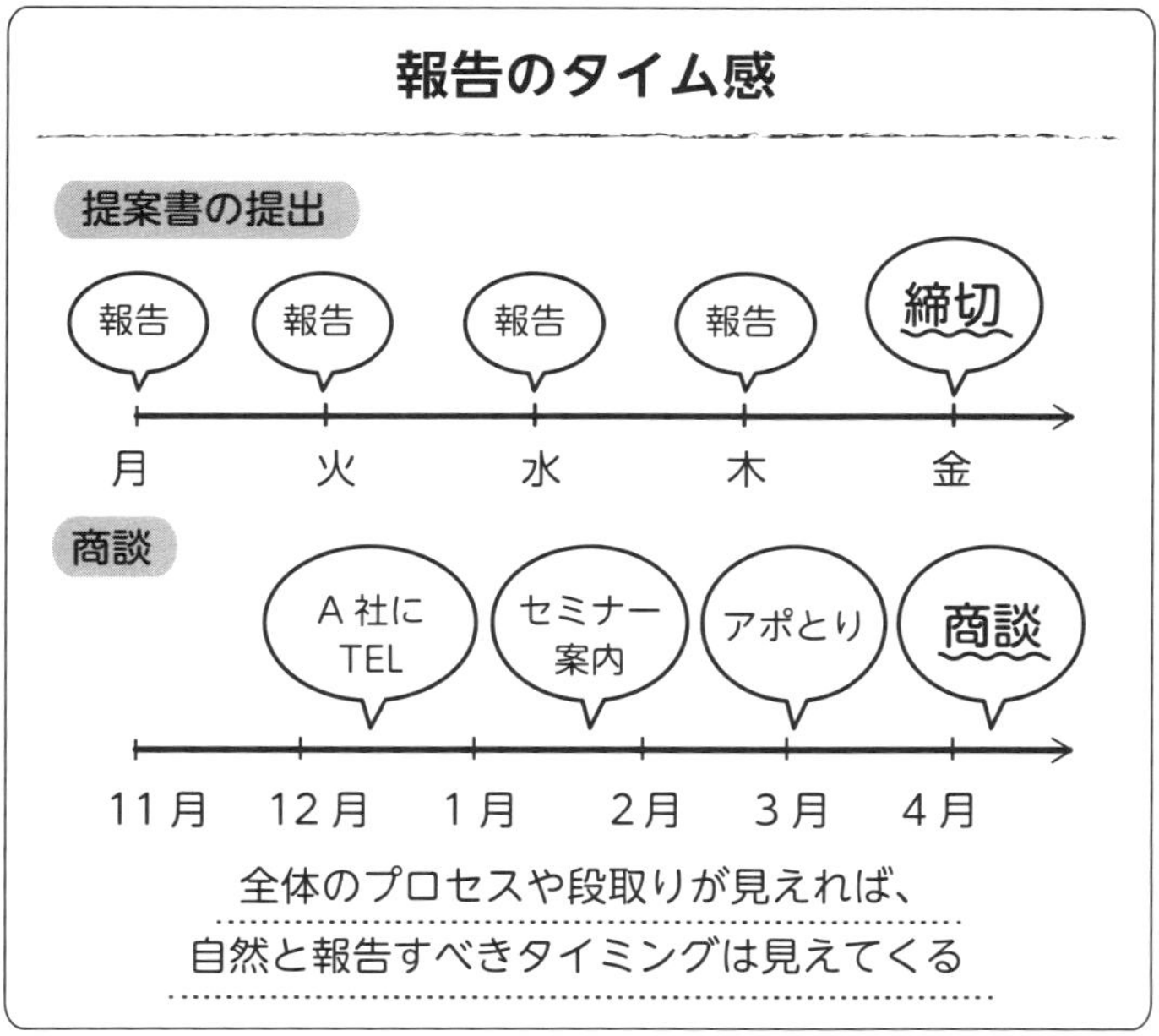

そうなれば、当分動かすべき仕事はありませんので、**逐一報告する必要はない**でしょう。

お客様との関係が疎遠にならないように時折「A社の○○さんに電話を入れておきました」「うちで開催するセミナーのお知らせをしておきました」ぐらいで十分だと思います。

そして予算組みの時期が近づいたら、「4月に入ったら商談開始ですけど、次はどんな段取りで進めましょうか」「いったん先方のアポを取りますか」といった感じで動き出せば、何ら問題はないはずです。

時間のかかる案件は、完成までの

プロセスや段取りが決められています。ですから、その動きに合わせて報告していくのが基本です。

1年かかるプランだから3カ月ごとに報告が必要とか、1カ月かかるプランだから毎週報告する、といった決まりのようなものは特にありません。

次の動きに合わせて「いついつまでに報告を入れる」と対応したほうが効率的かつ効果的に報告できます。

長期のプランにも関わらず、全体のプロセスや先々の段取りが見えていない場合は、その部分を明らかにしておくべきでしょう。自然と報告すべきタイミングが見えてくるはずです。

接点回数＝好感度を利用する

ここで一つ、耳寄り情報をお伝えしましょう。

マメな報告には「単純接触効果」があります。

これは、**接触する時間や機会が増えれば増えるほど、相手を好きになったり、信頼関係がつくりやすくなる人間の心理的効果**のことです。

ルートセールスをされた経験のある方ならおわかりかと思いますが、お客様のところに何度も通いつめ、「またきたの?」なんて憎まれ口を言いながらも注文を決めてくださる方が少なからずいます。これには単純接触効果が大きく影響しています。

もっと身近な例で言えば、私自身、まったく関心のなかった女性アイドルグループ、AKB48。TVや雑誌で繰り返し目にしているうちに、「意外とこの娘、かわいいな」とか「自分だったら大島さんだな」とか「もう脱退してしまったけど、やっぱり前田敦子が一番だな」といった風に**いつの間にか好きになったりしている**もの。

これも単純接触効果によるものです。

上司と部下の関係にも同じようなことが言えます。

つまり**マメな報告には、上司と部下の信頼関係を構築したり、より強固にするといった効果がある**のです。

私の場合、「何を考えているのかわからない」とか「ほとんど話す機会がない」と思ったら、自分の近くに座

「単純接触効果」は侮れない

らせて、コミュニケーション量を増やす、ということもよくやります。

ほかにも営業企画と営業部の接点を増やしてやろうと思ったら、部署単位で配置換えをして接点数を増やしてやる。隣同士の島になれば、必然的に会話しなければならない場面は増えますからね。

逆に日頃から話す機会や接する機会の多い人間ほど、私の席から遠い席に座っていてもかまわない。遠くても話しかけにいったり、どこかにいくついでに話す、なんていうことを自然にするからです。

このような形で単純接触の効果を活かせば、より**報連相の密度は上がっていく**ことでしょう。

部下目線② 上司の「あれ、どうなった?」

部下の立場からするとよくある話をしましょう。

突然(のように感じる)、上司から「あれ、どうなった?」と聞かれることがあります。

たとえば、上司から「○○の件について、A社の担当者に確認しておいて」と頼まれました。

そしてその数日後。

上　司：「この前頼んだA社の件、あれ、どうなった？」
あなた：「それが、まだやってません」
上　司：「えっ、今日、そのことについて上に報告しなければいけないんだけどな」
あなた：「すみません。いますぐに確認します」

このときの「あれ、どうなった？」は明らかに遅延を意味します。

「そういえば上司からよく、あれどうなった？　って聞かれる」という自覚症状のある人は、要注意かもしれません。たいてい、「あれ、どうなった？」と聞くのは、報告すべき期限をすぎた事柄で、少なくとも期待されていたタイミングを逃していることを意味します。

上司が忘れっぽいのかもしれませんが、言われる前の報告を心がけたいものです。

指示を受けた際に「いつまでに」という指定がある場合は、自分自身でリマインドをかける。指定がない場合は「いつまでに報告すればいいですか？」と聞くなど、予防線を張っておきましょう。

5 悪い知らせこそ歓迎しよう

部下は言いづらいことを言ってくれている

ここまで報告するタイミングについて見てきましたが、真っ先に報告すべき事柄というのも存在します。

それは、「悪い報告」です。

悪さの度合いが深刻であればあるほど、報告は早いほうがいい。**刻一刻と時間がすぎるうちに、打てる手が限られてしまう**からです。

とはいえ、頭ではわかっていても、いざとなるとなかなか実行できないのが、この「悪い報告ほど優先的に報告する」ということではないでしょうか。

悪い報告がしづらい原因は、主に次の2つです。

①本当に深刻な問題なのか、一人では判断できない
②怒られる、責任を取らされる、という恐怖感

①についてはよくあることで、上司に報告すればすぐに解決できるものを、一人悶々と「報告すべきか……どうしようどうしよう」と悩み続けていることもあるでしょう。

逆に、「これならあとで報告するだけで大丈夫だろう」と軽く判断した結果、あとで大クレームに発展……なんてことも起こります。

それもそのはず、同じ問題を前にしても、**リーダーとメンバーでは見えているものが大きく違う**のです。よく蟻の目と鷹の目、なんて言ったりもしますが、現場レベルの社員は目の前のことしか見えていませんが、経験値を積んだ上司はもう少し高い視点、言うなれば山の上から見下ろすことができます。

問題の本質を見抜く力も違ってきて当然です。

②に関しては、普段の上司の態度によるところが大きいでしょう。

ささいなことでも「何やってんだ!」「どうしてこんなミスをするんだ」とどなった

りしている場合。深刻な問題が起こっても、部下は報告しづらいので、深刻でないように見せかけるウソをつくことがあります。

この状態にまでなってしまうと、少々厄介です。**正しい情報が上がってこなくなるので、適切な対処ができなくなってしまいます。**

まずは、「この人に報告したら何とかしてくれる」、という信頼関係を築くことから始めなければなりません。

たとえそうでなくても、どんな人でもミスを責められたり、「責任を取れ」なんて言われるのはイヤなもの。

悪い報告を受けたときに「げっっ」「……」なんてリアクションをせず、「よく言ってくれたな」「今言ってくれて助かったよ」など、報告を促すような言葉がけをするようにしましょう。

6 報連相が増える！ 言葉がけ

「言ってもムダ」と思われたら終わり

メンバーからの報告や相談を増やす最大の秘訣は、フィードバックをマメにすることです。心理学では、**「人がある行動を継続できるかできないかは、適切なフィードバックのあるなしによって決まる」**とされています。

たとえば水族館で行われているイルカやアシカのショー。彼らは何か一つ演技をするたびに、飼育員からフィードバック（エサ）をもらいますね。

ジャンプしたら「よくやった」とフィードバックをもらい、逆立ちをしたら「よくやった」とまたフィードバックをもらいます。こまめにフィードバックを与えることで演技（行動）を継続させているのです。

ショーの最後に一度だけフィードバックを与えるシステムに切り換えたら、きっと途中で演技をやめてしまうことでしょう。

実は、私たちも同じです。

「受注できました！」と褒められるつもりで報告したのに、「おっ、そうか、わかった」の一言だけで終わってしまったらどんな気分になるでしょうか？

「えっ、それだけ⁇　褒めてほしかったんだけどな……。もうあの人に報告するのはやめよう」と思われてもしかたありません。

反対に「悪い報告は早めにしておいたほうがいいな」と思って、「すいません、ちょっと悪い報告なんですけど……」と言ったら、冗談じゃないぐらいに叱られて、全部自分のせいにされて、最悪の事態に陥ってしまった……。

これでは「今後、悪いことが起こってもなるべく隠しておこう」と思われてもしょうがないでしょう。

どちらの例にしても、正しくフィードバックできているとは、到底言えません。**「あの人に報告しても意味がない」と思われたら最後です。**当然のことながら報告や相談が集まらなくなります。これでは困りますよね。

褒める、ねぎらう、ときには叱る

では、リーダーはどんな言葉を返せばいいのか。

メンバーがいい報告を上げてきたら「やったじゃないか。よくがんばった」と褒める。特別褒めることがないのなら、せめて「ありがとう」とか「ごくろうさん」とねぎらう。

間違っていることがあれば、「そうじゃなくてこうだよ」とか「こう考えたほうがいいだろ」とアドバイスを与える。

こうした上司からのフィードバックは、**部下の行動に対する「それいいね、続けよう」「それは違う、今度からはこう直そう」という一つのシグナル**になります。「いいね」と言われた部下は、「よし、次はもっとがんばろう」とモチベーションが上がりますし、「次はこうしよう」と言われたら、「なるほど、勉強になったな」と思ってくれるはずです。

いずれにせよ、「やっぱり報告してよかった」と思ってもらえるようなフィードバックを返すことが、上司としての務めではないでしょうか。

報告→フィードバック→報告→フィードバック……このキャッチボールがうまくいくようになれば、自然と報告や相談の量は増えていくでしょう。

ダメ出しばかりでは人は伸びない

日頃、私たちは褒めるよりも、ダメなことを指摘することのほうが多いです。「もっとこうして、ああして」「これじゃ、ダメだな」と、毎日のようにダメ出しされていたら、部下は「本当にダメなんだな」「自分なんて何やってもダメだ」と思ってしまいます。

その上、いい仕事をしても褒めてもらえず、「うん、わかった。了解」ですまされてしまったら、**次から進んで報告する気にはなれないでしょう。**

それがたとえ自分の仕事だとしても、です。

毎回、適切なフィードバックを返すのはなかなか大変でしょうが、「ありがとう」や「ごくろうさま」などのねぎらいの言葉をかけるぐらいはできるはずです。

もちろん、ときには叱ることも大切です。

こうしたら
いいよ
それは違うん
じゃない？
よくがんばった
ごくろうさん

こまめで適切なフィードバックで、
部下のモチベーションもアップ！

特に今は「いいものはいい。ダメなものはダメ」とはっきりさせることが求められています。ですから、よいことや正しいことについては褒める、間違ったことや悪いことについては叱る、と態度をハッキリとさせましょう。

事例・フィードバックの徹底で売上が倍増したA社

最後に、フィードバックを徹底して売上を倍増させた建設業・A社をご紹介します。

A社はガテン系の会社の例に漏れず、これまで気合と根性でやってきました。

あるとき、そこに成功報酬型のいわゆるフルコミッションでならした元営業マンが営業部長としてやってきたからさあ大変。

この部長はとにかく結果主義で、結果が出ない人間には「(ビルのベランダから)ここから突き落とすぞ」「世の中、オフィスに電気がついてる限り、訪問先はあるはずだ」「成果が出てないなら帰ってくるなバカヤロー」とどなり散らすばかりで、ついたあだ名は「鬼軍曹」。

どんどん人は辞めていくし、雇っても雇っても定着しない。その上、成果まで上がらない。このままだとヤバイ……。そんなときに社長さんが出会ったのが宋文洲の『やっぱり変だよ日本の営業』(日経BP企画)というビジネス書でした。

本を読んだ社長は目から鱗が落ちたと言います。そして「これからはプロセスマネジメントが大事。結果管理ではなく、プロセス管理でやっていこう」と決意し、鬼軍曹（営業部長）に部下とのコミュニケーションを大事にするよう指示しました。

そこで鬼軍曹の取った作戦が**「日報返信100％ルール」**。

部下の営業日報に対して、「次はこの資料を持っていけ」「次はこの人間を連れていけ」「次は俺が同行する」などなど、とにかく1件1件絶対にフィードバックを返すことにしたのです。

当時の部下は20人ほど。一人につき5件の営業報告が上がってくるとして、全部で100件。夜の9時ごろから始めて毎晩12時すぎまでかかり、「もう死ぬ思いでやりました」と元鬼軍曹は当時を振り返って言います。

そのかいあって、**A社は3年で売上を2倍以上に増やすことに成功。**社員の定着率も高い数値で安定していると聞いています。

これは極端な例かもしれませんが、それだけフィードバックには意味がある、ということではないでしょうか。

7

有意義な叱り方

次につながる5つのプロセス

先ほどのフィードバックで、叱る、ということが出てきました。上手に叱ることほど、難しいことはありません。ここで少し、効果的な叱り方についてご説明しましょう。

叱り方は、次の5つのプロセスで考えると、うまくいきやすいです。

①事実確認
②意見の聞き取り
③原因特定
④行動や思考の修正
⑤計画に落とし込む

ポイントは報告と同じで、まず①の事実確認から始めることです。憶測を一切排除して、何が起こったのか、誰がいつ何をしたのか、誰が何を言ったのかだけに耳を傾けるようにします。

次に当事者の意見や考えを聞きます。「そのことに対してお客様は怒っているのではないだろうか」とか「お客様はこういうことを望んでいるのではないだろうか」という憶測ですね。

事実と意見を聞き終えたら、③原因特定に入ります。

トラブルは、基本的に誰かのある行動がきっかけで起こります。ですから、その行動を突き止め、さらにその行動のもとになった考え方を修正していきます。

「誰が原因なのか?」ではないことに注意してください。

問題なのは「誰のどんな行動が原因なのか?」です。

ここを間違えてしまうと、「なんでこんなことができないんだ」や「君のせいで」と人格を否定することになります。個人を攻撃することが目的ではないので、くれぐれも注意しましょう。

叱るプロセス

① 事実確認

→何が起きたのか、誰が何をしたのか、事実のみを把握する

② 意見の聞き取り

→①の事実に対して、本人がどう感じているか、原因は何だと思うのかを聞く

③&④ 原因特定 / 行動・思考の修正

→原因となった行動を突き止め、その行動を起こした「考え方」を修正

注: 原因は人ではなく、「考え方」にある

⑤ 今後のプラン策定

→いつ、誰がどうするのか、具体的に対策を考える

私は常々「気づきを得れば、思考が変わる。思考が変われば、行動が変わる。行動が変われば、成果が変わる」をモットーに部下と接しています。

一つ気づきがあれば考え方が変わり、ひいては行動も自然と変わってくる、ということです。

メンバーの行動を変えたかったら考え方・思考に変化を起こす、そのためにはまず気づきを与える、というのがリーダーの役目だと言っても過言ではないでしょう。

最後は「計画」に落とし込みます。

「解決の方向性はこう。そのためにいつ

誰がどうする」と次の行動を具体化していきます。

ここまでやってはじめて、叱ることの意味があると私は思います。**ただ注意する、悪いところを指摘するだけでは、本質的な解決にはなりません。**

具体的にどうすればいいのか、次からはどう対処するのかまで、明確に示してこそ、本当の意味で変化を促すことができます。

一つひとつのプロセスを踏んでいけば、きっと相手にも伝わるはずです。ぜひ参考にしてみてください。

8 ネクストアクションを決めるところまでが1セット

情報はすぐに停滞する

フィードバックとともに実行してほしいのが、ネクストアクションを決めることです。

複数のボールが飛び交っているサッカーの試合を思い浮かべてください。

みなさんのもとに次々とほかの選手からボールがまわってきます。そのままボールを蹴り返さずにいたらどうなるでしょうか。自分の足もとにボールがたまり、ゲームが滞ってしまいますね。

届いたパスは、できるだけ早く蹴り返す。

これがボールをため込まない一番の解決策です。

報連相にも似たようなところがあります。

指示を受けました。報告を受けました。相談を受けました。

それに対して「はい、わかりました。ありがとう」で終わりにはできません。**一連の業務の中で、必ず何か次にするべきことがある**からです。

たとえば、部下のｂ君に頼んでいた提案書が上がってきました。内容はＯＫ。

さて、みなさんだったら次にどんなアクションを起こしますか。

「ありがとう。ごくろうさん」と提案書を受け取ってその場を終わりにしますか？　それとも「じゃあ、この提案書をお客様のところに持っていってくれないか」「この提案書をＢ課のｃさんに届けてくれないか」とネクストアクションを決めますか？

例外を除いて、後者だと思いますよね。

ただ、現実にはそのとき見る余裕がなかったので、「ありがとう。あとで見ておく」

受け取ったらすぐに返す！を習慣化しよう

とだけフィードバックを返しました。

ところが気がついたときには、すでに1週間が経過していました。

慌てて「ごめんごめん、これ、OKだから商談進めてくれ」と言ってb君に戻す……。

よくある話です。


パスはできるだけ受け取った瞬間に蹴り返す。

このような意識を持っていないと、情報はすぐに停滞してしまいます。先の例で言えば、「いついつまでに見て、自分のほうから返事をする」などとネクストアクションを決めておけば「忘れてしまう」という最悪の事態は避けられたでしょう。

デキる営業マンは「はい、そうですか」では帰らない

お客様のところに営業へいき、お客様が「考えておきます」と言って、「はい、わかりました」で帰ってくると、その商談はまず成立しません。

そこで優秀な営業マンだったらどうするか？

お客様から「考えておきます」と言われたら、「では、いつまでお待ちすればよろし

いですか？」と自分のほうから期限を切りにいきます。

それに対して、お客様から「来週中に回答します」などという返事がもらえたら、はじめて「はい、わかりました」となるのです。

つまり営業活動でもネクストアクションが欠かせないというよい例です。

このとき、できる営業マンは自分に対するネクストアクションも決めておきます。

お客様から返事がないことも考えに入れて、再来週の月曜日にお客様への「催促」のタスクを入れておくのです。

そして期日中に返事がなかったときには、「先週中にご回答いただけるということでお待ちしてたんですが、その後、どうでしょうか？」と次の行動に移ります。

優秀な営業マンは、このように**あらかじめ何段構えにも用意をしておいて、人や業務を停滞させることなく動かしていきます。**

「人を動かす」ということで言えば、こんな例もあります。

仕事を依頼するときに、「これをやっておいてほしい」だけでは終わらせずに、「いついつまでにやっておいてほしい」と期限を知らせます。あるいは逆に「いつまでにできそう？」と聞いてみるのもよいでしょう。

「では、来週中に仕上げておきます」ということであれば、再来週の頭にリマインドをかけることをスケジュールに入れておくわけです。

動かす側と動く側の関係は、先ほどお話しした営業のときと一緒で、指示や命令を出すときに「ネクストアクション」を決めておくと、自分の足もとに「業務」という名のボールがたまらなくなります。

コラム◇リーダーシップを体感する

第2章で3人のレンガ職人の話をしました。そこでは、目的を明確にすることの大切さについてご紹介したわけですが、この話はまた別の見方ができます。

「リーダーシップは誰でも発揮できる」ということです。

3人目の職人は「完成までに100年かかる教会の大聖堂をつくる」というビジョンやミッションを持って仕事に向かっていました。

そうです。リーダーシップを発揮するためにはビジョン（方向性）、バリュー（価値観）、ミッション（役割）が欠かせません。また、これらが個人と会社で重なっていれば役職とは関係なくリーダーシップが発揮できるようになります。

それは進むべき方向が個人と会社で共有できているからです。

重なりが少なければ、あるいはそれに気づいていなければ、自分の仕事を「単なる作業」と受け止め、自分から率先して行動することはないでしょう。

では、リーダーシップを発揮するとはどういうことか？

リーダーシップについて座学で学ぶことはできます。しかし、どれだけ頭で理解してみても、実際にその立場に立つのとでは見えるものや感じるものが違います。

部下は上司になった経験がないので、上司の気持ちや考えはわかりません。上司はかつては部下だったので部下の気持ちはある程度予想がつきます。

このギャップはどうすれば埋められるのか？

部下に上司の気持ちや考え方を知ってもらうためのよい方法はないか？

そこで弊社で取り入れているのが、体感型ゲームプログラムで、その一つにマネジメントゲームがあります。

マネジメントゲームでは、参加者が経営者になったり、マネージャーになったり、リーダーになることによって、上司の立場を疑似体験してもらいます。マネジメントゲームとは、「上司は、何をもって組織運営すべきか？」を考えてもらうためのゲームなのです。

上司の気持ちや考え方に触れることによって、部下は気づきを得ます。人を使うことの難しさ、指示を出すことの大変さ……、そうした気づきが組織内コミュニケーションの円滑化へとつながっていきます。

第3章
「Hou 告が自然に集まるしくみ」の
ポイント

- □ 報告は①結論、②テーマ、③所要時間の３点から始めれば、効率的に行うことが可能
- □ 主観や憶測に基づいた情報では、正しい判断ができない。事実は事実、主観は主観に分けた報告を徹底してもらおう
- □ 選択式・チェック式なら、報告する側の手間が省ける上、把握もしやすい
- □ 長期スパンの仕事、メンバーに丸投げした仕事はマメに中間報告してもらうことが欠かせない
- □ 悪いことほど一刻も早く報告がほしいもの。普段から信頼関係の構築につとめよう
- □ 褒めるときは褒める、叱るときは叱る。適切なフィードバックを返していれば、自然と報告が集まるようになる
- □ 叱るときには、相手に気づいてもらえるような叱り方を。そのためには５つのプロセスが必要
- □ 報告を受けたらすぐ次にすべき指示を出したり、何らかのリアクションを起こそう

第4章

Ren絡が密になるしかけ

情報共有において欠かせないのが連絡。

何気なくメールを送ったり、伝えたりしているものの、実は伝わっていないこともしばしば。

そんな情報の伝え漏れを防ぐには、どのような伝え方をするのがベストかを考える必要があります。

ここでは、確実に相手に伝わる・相手が動く連絡の方法をお伝えします。

1

人を動かす連絡のキモ

相手が理解できない連絡は意味がない

次に「連絡」が密になるためのしくみとルールについて見ていきましょう。

連絡とは「自分の意見は加えずに、事実情報を関係者全員に知らせること」でした。

前の章でお話ししてきた「報告」と大きく違っている点は、複数の関係者の間で情報を共有することです。報告では指示する側・される側の1対1のやりとりが基本でしたから、**相手が複数であることを意識したやりとりが必要**になってきます。

連絡で大事なのは「伝える」ことではなく、相手に確実に「伝わる」ことです。

両者は同じような意味にも取れますが、求められるものが大きく違います。

みなさんに、小さなお子さんがいたとします。公園の遊具で遊べるぐらいになったとき、心配になったあなたは子どもに伝えました。

「ジャングルジムの上に立ったり、すべり台から飛び降りたりしちゃダメだぞ」

子どもはその場では「うん」と答えましたが、しっかりと理解できていなかったのでしょう。ジャングルジムの上に立ってバランスを崩して落下、脚の骨を折ってしまいました。

そのような出来事が起こったとき、みなさんはこう言い切れますか？

「子どもには十分に伝えましたから、私には責任はありません」

まず言いませんよね。むしろ**「伝わっていなかった」ことを深く反省し、「なんで本人が事の重大性を理解できるまで踏み込んで伝えなかったのだろうか」と嘆く**はずです。

みなさんに「伝わる」ことの大切さを感じてもらうため、極端な例をあげましたが、組織内における「連絡」でも同じぐらいの真剣さで取り組んでほしいと考えています。

どんな方法なら人は動くのか

総務部から全社員宛に1通のメールが届きました。

よい連絡とは

× 悪い例	◎ よい例
To: 関係者各位 ×× の運用方法が変更されました。マニュアルを定めましたので、各自確認しておいてください。 ーー部 ○○	To: 関係者各位 ×× の件については、以下のように運用が変わりました。 1）ーーー 2）ーーー 3）ーーー 詳しくはマニュアルにありますので、必要な方はご確認ください。 ーー部 ○○

相手の立場に立って、

「どう伝えたら一番わかりやすいか」を考えよう

そこにはこう書かれていました。

「残業するときは必ず残業申請を提出してください。申請方法は、総務部のファイルサーバーに格納してあります。各自、それを読んで実行してください。お願いします」

みなさんはこの連絡メールを見てどのように思われましたか？

「残業申請を出さなければいけないことはわかったけど、結局、どうすればいいの？ **自分でマニュアルを読まなければいけないのか、面倒だな**」

このように思いませんでしたか？

何を伝えたいメールかはわかります。

しかし、メールを受信した全員が目をと

おし、すぐさま実行してくれるとは言い難いですね。
以前、コミュニケーションの成果とは「相手に反応や行動を促すこと」とお話ししましたが、**「人を動かす」レベルには達していません。**

では、次のメールならどうでしょうか?

「残業するときは必ず残業申請を提出してください。申請方法は次のとおりです。
①総務部のサーバーに格納されている○×ファイルを開き、
②その中の○○欄と××欄に必要事項を入力し、
③最後に△△ボタンを押してください
さらに詳しいことを知りたい方は、同じサーバーに格納されている残業申請のマニュアルをお読みください。お願いします」

先ほどのメールよりもぐんと伝わりやすくなっています。

「伝わっ」てはじめて価値がある

くどいようですが、連絡は「言ったら終わり、伝えたら終わり」ではありません。

よくあるのが「メールで共有しています」とか「メールで送ったんですが届いてませんか?」とか「何月何日、何時に送ってますよ」というような、メールを送ったから伝わってますよね、あとは各人でお願いします、というケース。

そうした場合に限って「関係者各位　ほにゃららでなんとかかんとか……」という何の連絡かわからない文面だったりするものです。

ですから、受け取ったほうは「こんなの読まないよ」「もっとわかりやすいメールを送ってよ」「重要なメールだったら、タイトルに『重要』って入れてよ」などと思うわけですが、送信主は「メールは送ってますから、あとは各自の責任で」の一点張り。

相手にとって必要な情報を流すのであれば、「伝わる」ことが重要なのであって、**「伝える」ことにはほとんど価値がありません。**

そのためにはまず「言ったら終わり、伝えたら終わり」のような誤った考えを捨てて、「伝わらないと価値がない」と認識し直すところから始めなければなりません。

2 ひと手間加えるだけで「伝わる」

相手がいつ、どんな風に受け取るか想像する

「伝わる」連絡を実現するためには、何をすればよいのか具体的に考えてみましょう。

まず大事なのが、受け手の立場で考えることです。

先ほどの残業申請の話を思い出してください。

たった数行の説明を加えるだけで、「伝わる」メールに生まれ変わり、受け手はいちいちマニュアルを読む必要がなくなりました。

ちょっとした気遣いや工夫で伝わりやすさは向上するのですが、事務的に仕事を進めていると、ついつい忘れがちになってしまいます。相手のことは考えずに平気で「あとは各自で調べてください」と書き綴ってしまうのです。

相手の立場といえば、連絡するタイミングも重要です。

わが社では、お客様向けにメルマガの配信をしているのですが、**伝わりやすいタイミングとそうでないタイミングがはっきりと分かれます。**それはお客様の反応でわかります。

一番やってはいけないのが月曜日午前中の配信です。

週明けでバタバタしているところに「セミナーのお知らせ」をしたところで、ほとんどの場合、そのままスルーされます。

ところが木曜日の夕方ぐらいにもなると「あと1日で週末だ」などと心にゆとりが出てくるのでしょう。「あっ、面白そうなセミナーだな。ちょっと顔を出してみようかな」という思考になるのか、レスポンスが一気に高まります。

金曜日は早めに上がって飲みにでもいくのでしょう。月曜日ほどではありませんが、結果はいまひとつです。

このように、誰かに何かを「伝える」「連絡する」「告知する」ときは、相手が受け取りやすいタイミングを見計らってアクションを起こしましょう。

それは1日のある時間帯かもしれません。月初、月中、月末というタイミングかもしれません。1年の中の特定の期間になるのかもしれません。いずれにしろ、**物事には最適なタイミングというものがあり、それを捕まえにいく**ことが「伝わる」には欠かせません。

しくみやしかけで情報共有を活性化

連絡とは、多くの場合、そこから何かを生み出すために行います。単なる業務連絡であれば「次に何をしてください」といった指示や命令で終わりになりますが、そのほかに連絡によって「関係者内で情報を共有していきたい」というケースもあります。

営業でよくあるのが、成功事例や失敗事例を共有して今度の活動に役立てようというものです。

残念なことに、こうした連絡は、通常の業務連絡に比べて優先度が低くなってしまいがちです。連絡が遅れても、あるいは漏れたとしても、日々の業務に支障が出るわけではありません。

だから、**みなさん面倒くさがってなかなか手をつけてくれません。**

すると、連絡によって期待される情報の共有化がいっこうに進まないわけです。

そこで「各自責任を持って連絡すべし」ということになるわけですが、精神論や義務感に訴えてもなかなかうまくはいきません。

では、どうすればよいのか？　成功事例や失敗事例を共有するためのしくみやしかけを用意しましょう。

たとえば「朝礼で口頭で説明すればＯＫ。特に資料は必要なし」とか、「社内ツイッターでつぶやく」とか、「Ａ４の用紙1枚にまとめてファイルサーバーにアップしておく」などの**しくみを整備して、連絡しやすくする**のです。

「共有すべき項目は何」「文字量はどのぐらい」「どのような伝え方（口頭、規定の用紙、ツイッター、業務支援システムなど）をすればよいのか」など、枠組みをつくることなしには、なかなか前には進みません。

事例・伍魚福に学ぶシステム活用例

兵庫県神戸市にある高級珍味の製造卸会社・伍魚福では、社内での情報共有のシステム化を徹底し、業績をアップさせています。

「ＴＥＡＭ　ＧＯＧＹＯＦＵＫＵ提報システム（ＴＧ提報）」と名づけ、１５０字以内で社長宛に改善の提案や報告をする制度です。**社員は1日1件、パート・アルバイトは週1件、必ず提出しなければなりません。社長は毎日内容をチェックし、コメントをつけて関係者に転送し**、改善と情報共有がなされています。

全社員が同じシステム上で運用することにより、広く情報の共有ができるようになり、風とおしのいいコミュニケーションが図れるようになるのです。

しくみをつくって、活用する。なおかつ、上の立場の人が率先してシステムを運用しないことには、共有のためのシステムは活かされない、ということがよくわかる事例ではないでしょうか。

情報共有はしくみ化が必須

3 連絡も4W2H+Why

主観や憶測は排除する

連絡では、一度に複数の人に「伝わる」ことが大事になってきます。報連相の中でも、より一層使う言葉を吟味し、曖昧な表現は使わないようにします。

つい「例の件」や「先ほどの」といった指示語をつけたくなりますが、できるだけ避けましょう。**たとえ「みんなわかるだろう」と思っていたとしても、それは思い込みにすぎません。** 誰が聞いてもわかる表現を心がける。それが大前提です。

そして報告の場合と同様、4W2H+Whyが押さえられているかどうかを確認しましょう。

特に期日が肝心で、「至急」や「今後」といった具体的な期日がはっきりしない書き方は極力やめ、「いつまでに」と期限を明記するようにします。

ほかによく耳にするのが、「みなさんそうおっしゃってます」という主語のはっきりしない言い方。念のために「みなさんって誰？ 誰と誰がそう言ってるの？」と問いただすと、多くの場合「えーと、それは……」と口ごもったり、「自分と誰か」の数名だったりするものです。

こうした**検証性のない主観や憶測に基づいた情報は、あくまでも「主観」や「憶測」として扱うべき**です。

数字にも主観や憶測が現れることがあります。

営業から戻ってきた部下のａ君。

上司「B社はどうだった。あの予算でまとまりそうか？」

ａ君「それがマネージャー、たぶん80万ぐらいにしないとうまくいかないと思います」

上司「そうか。でも、どうして80万なんだ」

連絡で気をつけたい４つのポイント

① 指示語は使用禁止

「例の」「あの」など、一部の人にしか伝わらないような表現はNG
→「○月×日のミーティングの件」「○年度の××計画について」

② 期日は明確に

「至急」「後日」など、人によって捉え方が変わるような表現をしない
→「○日まで」「○時まで」

③ 主語をぼかさない

「みなさん」「全員」など、具体的に誰がそう考えているのか、発言しているのかが見えないのはダメ
→「私」「○○部長」

④ 数字も明確に

主観や希望的観測で数字を出さない。自信がない場合は、確認してから発信する
→「予算は○○万円」「受注は○○件」

a君「先方は前回の額よりも上げていただいてかまわない、とおっしゃっていたんですが、極端に上げてしまうと問題になるかと思って……」

上司「えっ、問題？　問題って思ったのは誰？　お客さんに聞いたの？」

a君「いえ、聞いてません」

上司「自分で勝手に決めないで、ちゃんと聞いてくれよ」

a君「そうですよね。わかりました」

前回50万だったのを80万で見積りを出そうとしていたa君。

上司の指示に従ってお客様に予算を尋ねたところ、「今回は150万ぐらいかかってもしかたがないと思っています」との回答を得ました。

a君の主観に基づいた「連絡」をそのまま鵜呑みにしていたら、**適正の半分の値段で仕事を請け負ってしまう**ところでした。

事実と憶測はきっちりと分けて情報を上げる。この点は報告のときと変わりません。

4

ベストな連絡手段の選び方

人・内容によって使い分けが必要

次は連絡手段について考えてみましょう。

IT技術の発達によって、昔は電話か対面、手紙ぐらいだったものが、今ではFAX、メール、SNS、さらには営業支援システムなどいろいろあります。

これらを**伝える相手や伝えたい内容によって使い分けたり、組み合わせて効果的に使っていかなければなりません。**

「アナログな上司だからメールはダメ、面談や電話しかありえない」ということもあるでしょう。「とにかく忙しくてなかなかつかまらない、だから書類関係はメールで送って、時間のあるときに見てもらうようにしている」ということもあるでしょう。

伝える手段は相手やその内容によって違ってきます。「連絡をしよう」「この情報を伝えておこう」と思ったら、まずそのために最適な手段を選びます。次にその方法でコンタクトを取り、もしつかまらないようなら次の手段に移ります。

たとえばアナログな上司に「対面」で伝えようと思ったが不在。伝えるタイミングが肝心な案件だったので、携帯に電話をしてみました。しかしこれもつながらない。仕方がないのでひとまずメールで用件を連絡しておくことにしよう。

このように**状況に応じて手段を替え、組み合わせていく**のです。

上司に稟議決済を求めるにしても最適な手段とタイミングがあります。

Aさんは、上司に手渡ししようと思ったのですが、あいにく上司が席を外していたので、メモをつけてデスクの決済箱に入れておきました。

それに対してBさんは、上司とは週に何回かミーティングで顔を合わせるので、上司の気分がよさそうな時を見計らって、「すいません、ちょっといいですか、○○の稟議なんですが、これこれこういう理由で、この金額で決済をお願いいたします」と口頭で伝えました。どちらのほうが稟議がとおりやすいでしょうか。

本来どちらも同じ結果になるべきですが上司も人間です。伝え方とタイミングによっては「おお、わかった。すぐに決済を出しておく」ということもあれば、**「おい、なんだこれ、こんなのとおさないぞ」と突き返されることもある**でしょう。

最近は「何でもメールで」という風潮がありますが、メールはスルーされたり、見落とされたりする可能性が高い連絡方法です。

相手の印象に残るのはやはり対面が一番。その次が電話、次が手紙、最後がメールです。メールは便利ですが、一番印象に残りにくいツールでもあります。ですから、できるだけ対面で連絡したほうがいいわけです。

しかし、メール抜きのビジネスはもはや考えられません。そこで状況に応じて、メールとほかの手段を組み合わせて「伝わる」ようにします。

次から、それぞれの連絡手段の特徴とメリット・デメリットについて見ていきます。

①口頭（対面）

基本中の基本、向かい合ってのコミュニケーションです。

伝える側から言えば、自分の表情、声の調子、言葉のニュアンスなどで、**こちらが思っていることを一番正確に伝えられます。**

また、相手の表情やリアクションを見ながら話せるので、きちんと伝わっているか、理解してくれているか、なども確認しながら話すことができます。

記録に残らないので、デリケートな話、記録に残しては困る話などに向いています。反面、あとから「言った」「言わない」といった問題が起こることもあるので、場合によっては記録を取っておく必要があります。

②電話

表情が見えない分、対面よりも細かいニュアンスは伝わりにくくなりますが、それでも声のトーンなどでこちらの気持ちを乗せたコミュニケーションが可能です。

相手の都合さえよければすぐに話すことができるので、緊急の連絡や、取り急ぎの謝罪などにも向いている方法です。

ただ、相手の時間を拘束してしまう、ということは念頭に置いておかなければなりません。

③メール

メールによる連絡は、まず「開封するか、しないか」が重要になってきます。送り主は相手が開封してくれることを前提に送っているわけですが、確実に開ける、とは言いきれません。

たとえば、全社員一斉送信メール。「グループアドレスで全社向けに送ってるメールだから当然、みんな見てくれているだろう」なんて思っていたら大間違いです。

それに、**全社向けに送るメールほど読まれないメールはありません。**

誰もが「自分宛じゃない」と思い、「別にそんなメールを見なくても、重要なことだったら、周りの誰かが教えてくれるだろう」と考えているいい加減な輩がたくさんいます。

つまり全社メールというものは、「一見、全社員に告知しているように見えるが、いざフタを開けてみたら誰にも伝わっていない」ということが往々にしてあるわけです。

極端な話、一人ひとりに**「マンツーマンで送信しました」的な連絡メールを送ったほうが開封率は高まります。**

通販ショップからの広告メールで一人ひとりの名前の入ったものがありますよね。あれは「マンツーマンで送信しました」的な効果を狙ったものです。

メールを使うときの注意点は、「メールを送ったからそれでもう伝えました。わかってるでしょう」という考えを持たないことです。

メールに対するレスポンスが悪いときは、ほかの手段を組み合わせて「伝わる」工夫をしましょう。

また件名一つとっても、伝わりやすいメールとそうでないメールがあります。

以上を考えると、**メールに過度に重きを置くのはNG**です。メールはあくまでも伝えるための一つの手段にすぎないからです。

その上、メールはデリケートな内容にも向いていません。相手に対して配慮や気遣いが必要な事柄については口頭で伝えるようにしましょう。遠方などでそれが難しくても、電話という手段があります。

④手紙

近年、手紙の有効性は増しています。自分の思いや情熱を伝えるのに最適な手段です。

私も証券マン時代にやっていました。

新規開拓のお客様に、書道用の巻紙に筆で書いた手紙を送るのです。これをやると、

連絡手段一覧とメリット・デメリット

① 口頭（対面）

◎表情、声の強弱、言葉のニュアンスなどによって、正確に伝えられる
◎相手の表情を見ながら話せるので、相手に伝わっているかどうかもわかる
◎記録に残らない
× 記録に残らない分、「言った・言わない」でモメることがある

② 電話

◎急ぎの連絡や取り急ぎの謝罪に効果的
◎声の強弱や言葉のニュアンスである程度、正確に伝わる
× 相手の時間を拘束する

③ メール

◎一度に多くの人と情報共有できる
◎記録に残るので、日時や場所など具体的な連絡を行うときに向いている
◎用件をスピーディーに伝えられる
◎相手が都合のいいときに確認してもらえる
× 文面での説明が難しいもの、デリケートな内容には向かない

④ 手紙

◎アナログな手段のため、注目してもらえる
◎手書きで書けば、思いや情熱が伝わる
× 読まれない可能性がある

⑤ SNS

◎多くの人と接触回数を増やすには便利
◎社外に向けたものでも、社員に向けたメッセージにもなる

⑥ 業務支援システム

◎その会社ごとに仕様をカスタムできる
◎外部に情報が流れない、セキュリティの高さ

どんなお客様でも話だけは聞いてくれます。あれからだいぶ時間が経ちますが、巻紙の手紙はいまも有効でしょう。

同じ手紙でも、年賀状や暑中見舞いなどの定型的なものには大した効果は期待できません。年賀状を送るぐらいなら、1週間ほど前倒しにしてクリスマスカードを送ったほうがいいでしょう。クリスマスカードのほうが競争率が低く、インパクトがあります。

たとえば「メリークリスマス&ハッピーニューイヤー」と書いて定形の四角いハガキではなく、変形のハガキで送ってみるのはどうでしょうか。

⑤SNS（ツイッター、フェイスブック等）

第3章で単純接触効果のお話をしました。SNS（ソーシャル・ネットワーキング・サービス）は、社内および社外の接点回数を増やすのに極めて有効です。

「私」という一人の人間がリアルな世界で活動して接点回数を増やすには限界があります。1年365日、1日24時間しかないわけですから。

ところがバーチャルな世界では、**それを10倍にも100倍にも1000倍にも、それこそ際限なく増やしていくことができます。**

ツイッターで私が何かをつぶやいたとします。フォロワーが気に入ってくれてリツイートしてくれました。リツイートを見たフォロワーのフォロワーも気に入ってくれてさらにリツイートがかかりました……。このようにして私がつぶやいた情報が次々とまるで**巨木の枝葉のように広がっていきます。**

一方、SNSを通じて社外向けに「今後、このようなサービスを展開していきます」とつぶやく。するとそれを見た社内の人間がそれを見て理解してくれる——**一見、社外向けに見えて、実は社内に向けたメッセージを打ち出す。**SNSにはこうした使い方もあります。

SNSでこそありませんが、佐川急便はTVのCMを通じて社内外に「セールスドライバー」というコンセプトを打ち出しました。

これは私の考えですが、佐川急便のトップは顧客よりもむしろ社内のドライバーたちに「セールスドライバー」という考えを浸透させたかったのではないでしょうか。私は「社員に誇り高い気持ちを持って顧客に接客してほしい」と伝えたくてあのCMをつくったのではないかと睨んでいます。

ＳＮＳについてさらに詳しいことが知りたい方は、フェイスブックやツイッターの解説書を参考にされるとよいでしょう。

⑥業務支援システム

社内に業務支援システムが導入されているようでしたら、それらを報連相に役立てることができます。

弊社で販売している営業支援システム「ｅセールスマネージャー」もその一つで、社内の報連相を活性化させるための機能が多数用意されています。

たとえば報告で欠かせない「報告↓承認↓フィードバック」機能や、成功事例や失敗事例の共有を可能にする掲示板の機能などがそうです。

業務支援システムは、その名のとおりに業務を「支援」するためのものです。**システムを活かすも殺すも結局はそれを使う「人」にかかっています。**前にもお話ししましたが、システムを導入したからといってそれだけで報連相がうまくいくわけではありません。

システムの特性をきちんと理解し、適切に使っていくことではじめて報連相にも役立つようになるのです。

5 大事なことは何度も確認する

重要度によっては念押しも必要

重要なことを伝えるときは、まず相手に連絡が届いているかどうかを確認します。社内であれば口頭で、お客様や取引先に対しては電話で「届いていますか？」と直接コンタクトを取っておくと安心です。

重要度が高い事柄であれば、さらに**こちらの意図が正しく伝わっているかどうかを念押しします。**本章の冒頭でお話しした「ジャングルジムの上に立たない」という話なら、注意したあとに「何しちゃいけないんだっけ？」と確認しますよね。それと同じです。「先ほどのメールですが、○○の点に注意してください」と一声かけておくだけで、「伝えた」「聞いてない」の齟齬《そご》はかなり減らせます。

エビングハウスの忘却曲線

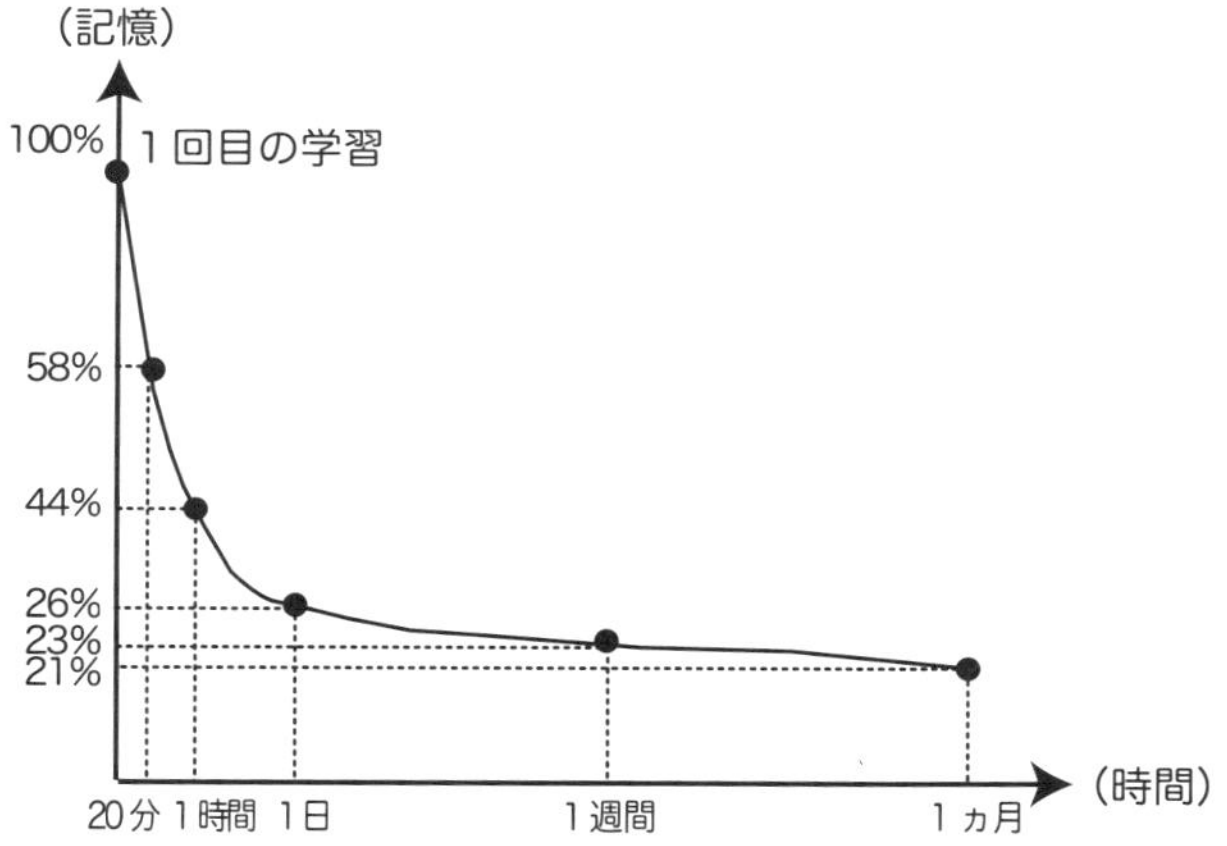

我々の脳は忘れっぽいもの。
何度も繰り返し伝えよう

人間は忘れる生き物

重要なことは何度か繰り返し伝えないといけません。「何回言ったらわかるんだ」と叱る上司も一部いますが、そうした方は少し見方を変えるべきだと思います。

エビングハウスの忘却曲線をご存知ですか？

上記を見るとわかるように、私たちはものすごい勢いで物事を忘れていきます。記憶が留まっている率は20分後に58％、1時間後に44％、1日経つと26％、1週間で23％、1カ月で21％……。

特に**一時間後には半分以上のことを忘れてしまう**わけです。

つまり「忘れる」ということは脳の機能が健全な証拠で、忘れること自体を回避する方法はないわけです。

学生時代に英単語や歴史を勉強していて「ああ、自分はなんてダメなヤツなんだ。さっき覚えたことをもう忘れてるよ」と嘆いたことが一度や二度はあるでしょう。でも本来は**「私の脳は健康だなぁ。しっかりと忘れているよ」と思うべき**なんですね。

一生のうちで生まれてくる瞬間、それも産道をとおるときが一番苦しい時間と言われていますが、そのときの記憶は誰も持っていません。それは忘却する力が脳に備わっているからだそうです。また、人間は忘れる機能があるからこそ長生きできるとも聞きます。

繰り返せば繰り返すほど効果的

「正しく忘れること」は脳にとっていいことです。しかし、業務において大事なことまで忘れられてしまうのはやっぱり困ります。

そこで忘れられては困る重要なことは、何度も繰り返し伝えるようにします。

勉強でも、試験に出そうなところは繰り返し、何度も復習しますよね。

仕事でも同様に、面倒くさがらず、きちんと伝えましょう。

脳に記憶を定着させる方法は、次の3つがあります。

①復習と反復

②関連づけ

③意味づけ

この中で**一番効果的なのは、①の復習と反復**です。

先ほどエビングハウスの忘却曲線の話がありましたが、2回、3回と復習を繰り返していけば、記憶の定着率はどんどんアップしていき、最終的には知識として自分のものになります。

「何回言ってもダメ」「覚えようとしていない」「ホント使えない」

もしメンバーに対してこのように思っているのだとしたら、まずみなさんが意識を改めるところから始めてください。

誰もが何度か繰り返さないと忘れてしまうものなのです。

6

伝言は確実・正確に

会社名・名前・用件は最低限聞いておこう

連絡の中には、直接伝えたい相手ではなく、第三者を介する「伝言」もあります。自分が不在のときにお客様からのメッセージをことづかってもらう。逆にお客様の関係者にことづけをお願いする。

改めて言うまでもありませんが、伝言を受けるときは、**最低でも相手の「会社名」と「名前」を聞いておきます。** そうでないと連絡のつけようがありません。

加えて最低限必要なのが、「用件」。こちらは意外と忘れがちです。相手によっては「用件をお伺いします」と尋ねても、「いや、結構です。電話があったことだけお伝えください」と断られることがありますが、できるだけ「用件」も含めて聞くようにしましょう。

伝言で押さえておくべき３つのポイント

①相手の会社名

②氏名

③用件

最低でも上記の３つを聞き取り、
伝言メモなど記録に残しておく

私もよく折り返しの電話を頼まれます。

不在中にかかってきた電話に「野部は外出しておりますが、いかがいたしましょうか」と聞いて、「折り返しお電話ください」と言われているのでしょう。

先日、受けた伝言では「○○様より、DMの件で電話がありました。折り返し連絡をお願いします」とありました。

私も営業の仕事をしているので「DMの件で」と言われると、新しいお客様かと思ってしまいます。折り返し電話を入れると、「お電話ありがとうございます。実は、投資マンションのご案内をしておりまして……」という営業電話でした。

用件のはっきりしない伝言では、こうした「えー、それだったらわざわざ折り返さないのに」ということがよくあります。

受け取る側にも「混み入ったことまで聞くと、伝えるのが大変」という思いがあるのでしょう。**結果、仕事には関係ないムダな時間を使ってしまう**ことになります。

伝言をお願いした相手の名前を聞く

今度は逆の立場、関係者に伝言をお願いするケースを見てみましょう。

伝えるべき要素は、会社名、名前、用件の３つ。受けるときと同じですね。プラス伝言を頼むときに忘れてはならないのが、伝言をお願いした相手の名前を聞くこと。

つい忘れがちになるのですが、きっちり記録しておきましょう。

「先日、電話で『伝えてください』とお願いしましたよ」

「いや、聞いてませんよ」

「え〜、電話に出た女性に伝えたんですけど……」

「女性って誰ですか。何人もいるんですけど」

このように「伝言した、いや聞いてない」が大きな問題になることもないとは言い切れません。そうならないよう「誰に何を伝えたのか」を履歴として残しておくのです。

〝至急〟の連絡にはどう対応するか

携帯電話やメールが当たり前ではなかったころと今では、人々の「至急」に対する感覚が違っています。

以前であれば「至急といっても、その日中に折り返せばＯＫ」が、**今では「午前中に連絡したら午前中に折り返してもらわないと困る」、さらに翌日になってしまったら「もう全然至急じゃない」**。

人の感覚ってこうも変わるものなのか、と思うこともしばしばです。

そのため、伝言を受けて、それをメモに残して、連絡があったことを伝えるというつもの手順では、相手が求めるスピード感に応えられないときがあります。

ではどうするか？

「至急」の案件に関しては、個人の携帯やＰＣに伝言メールを飛ばすのが今は一番いい方法かと思います。会社に戻ってくるまで寝かせておくのではなく、お客様から連絡が入ったらできるだけ早く、そのことを担当者に連絡するようにするのです。

今の時代、このぐらいのスピード感がないとマズイのでは、と考えています。そこで私の会社では、電話はすべてコールセンターで一括して受け、担当者が不在の場合は携帯電話にメールで知らせるようにしています。

これでかなり連絡の伝え漏れを減らすことができています。

7 クイックレスポンスが必要なとき

お礼の連絡はなるべく早く伝える

相手の立場に立って考えたときに「早く連絡がほしい」と思うような事柄であれば、できるだけ早く返信をしたほうがいいでしょう。

特に、何かをしていただいたとき、いただきものをしたときなど、**「お礼」の連絡はすぐにしたいところ**です。

たとえば、自分が大切に思っている人にプレゼントを贈りました。贈ったほうは「プレゼントはもう着いたかな。喜んでくれてるかな」とワクワクしながら、相手のフィードバックやレスポンスを待っています。

ところがいつまで経っても連絡がない。「もしかして届いていないの?」と確認の電話をしてみたら、「プレゼント届きました！　ありがとうございました」……。

別に恩に着せようというわけではありませんが、「届いているんだったら、連絡するものでは？」と思うはずです。特に現代は簡単に連絡できる手段が整っています。

すぐに連絡がこないと「無事届いたかな」「もしかすると気に入らなかったかな」と相手の気をもませることになってしまいますし、失礼にもなります。

つい忘れがちな紹介者へのお礼

お礼といえばこんな話があります。

「野部さん、こういうお客さんがいて営業のことで困ってるようなんで、一度相談に乗ってあげてもらえませんか」とお客様から別のお客様を紹介されました。

仮に紹介していただいたお客様をbさん、紹介されたお客様をcさんとしましょう。

bさんの紹介でcさんにお会いしたところ、「それでは私どもでお手伝いをさせていただきましょう」「必要な手

お礼は「なるはや」で伝えよう

続きを次回行いましょう」という話になりました。

さてみなさんは、どの時点で紹介者のbさんにお礼の連絡を入れますか？

いまこの時点で連絡しますか？　それとも正式な手続きがすんでからですか？

ほとんどの人が「発注が決まってから、お礼の連絡を入れよう」と思うようです。

しかし、紹介者bさんの立場になって考えてみると——、

「紹介したのはいいけど、そのあと、どうなっているのかな？」

「本当に紹介してよかったのかな。話はうまく進んでいるかな？」

と、**bさんはずっと気にかけている**はずです。

お客様を紹介していただいたときに真っ先にやるべきことは、「本日、ご紹介いただいたcさんにお会いしてきました。発注をいただけるかどうかはまだわかりませんが、このようなお話をいただき本当にありがとうございます。誠心誠意対応させていただき、進捗がありましたらご報告差し上げます」などと、途中の段階でかまわないので、早めに一報を入れることです。

仲介者が間に立つと、仲介に立ってくれた人への連絡が疎かになりがちです。

「話がまだまとまっていないので連絡していません」とか「結果が出てから連絡しようと思っています」ということが多いようですが、少しでも進展があった時点で連絡を入れるのがマナーです。

仲介した人は、みなさんからの連絡をずっと待っています。

カチンときているときは一呼吸置いてから

ここまでクイックレスポンスをすすめてきましたが、反面、かえって仇になることもあります。

メンバーから送られてきた1通のメール。その内容を見てカチンと頭にきてしまったあなたは叱責、罵倒するようなメールを速攻で送り返しました。

しばらく経ち、**怒りが冷めるほどに後悔の念が深まっていきます。**

「もっと冷静な対応をすべきだった」と。

私は、怒り心頭に発しているときには次のように対処します。

まず怒った状態でメールを書きます。書き上がったら、携帯のボタンからいったん手をはなして、メールの内容を見直します。

すると自分が冷静でないことに改めて気がつきます。

「うわ、かなり乱暴なこと書いてる。いかんいかん。書き直し書き直し」

そこで、感情的になっている部分を削って、できるだけシンプルな内容にします。

その上でもう一度見直して、はじめて送信します。

怒っているときほど「だからお前はダメなんだ」「前にもこんな失敗しただろ」など、余分な言葉を書き加えてしまいがちです。

クイックレスポンスは大切ですが、言葉選びは慎重にするよう気をつけましょう。

8

社内共通言語化で連絡を加速する

「つめる」は説教、「マル」は×!?

業務で使われる用語を共通化すると、社内コミュニケーションが円滑になったり、誤解が生まれにくくなったりと、互いに知り得た情報（資産）を活用しやすくなります。

よい例かどうかわかりませんが、私が在籍した証券会社では「つめる」という言葉がよく使われていました。

「今日、お前、つめられた?」

「今日、支店長につめられたんだけど……」

このときの「つめる」は「説教する」という意味で、つまりは、

「今日、お前、説教された?」

「今日、支店長に説教されたんだけど……」

という意味です。

あるとき商談がなかなか成立せず、そのことを上司に報告すると「お前、ちゃんとつめてこいよ」とどなられました。

「つ、つめるんですか？　お客さんをつめるんですか？」

私の中には「つめる」イコール「説教する」という認識があったので、**「さすがにお客さんを説教したらマズくない？」**と思ったわけです。しかし、上司に向かってそのような口をきくことはできません。

後日、上司に同行してもらってお客様をつめにいくことになりました。で、結局どうなったか？

私の完全な誤解でした。上司の「つめる」は「説教する」ではなく、「話を〝詰〟めてこい。買う気があるのかないのか、はっきりさせてこい」という意味の「つめる」だったのです。

ほかにもあります。これも証券マン時代の話です。

「今日の飲み会マルな」

みなさん、この意味がわかりますか。普通に考えたら「今日の飲み会は予定どおりに行いますよ。みなさん、参加してください」ということですよね。

でも、正解は逆。**「今日の飲み会は中止になった」という意味**です。

この「マル」は証券取引所の「場立ち」と呼ばれるトレーダー達が使用していたサインにちなむもので、そもそも取引成立時には胸の前でクロスするのが慣習でした。それが転じてダメになったことを「バツ（成立）」の反対という意味から「マル」という風に、私がいた会社では使っていたのです。

入社したばかりの新人が「マル」と聞いて、ずっと居酒屋で待っていた。そんな笑い話もあります。

社内用語は統一しよう

ここまで極端なことは少ないかと思いますが、部署によって用語が微妙に違っていることはよくあります。

つい最近もありました。

お客様の会社で、営業のプロセスを洗い出していたときのことです。

5つのグループに集まってもらい、「自分たちの営業のやり方がどのようなプロセスになっているか、付箋に書いて順番に貼っていってください」とお願いしました。

すると、最初のプロセスから違いが見られました。「ターゲティング」と呼ぶ人もいれば、「リストアップ」と呼ぶ人、「対象先選定」と呼ぶ人もいました。

このように**社内で使う言葉がそろっていないと、お互いの認識に齟齬が生じます。**

そこで多数決を取って共通化を図ることにしました。

「みなさんにとってどれが共通言語ですか、マジョリティですか？」

アンケートを取った結果、「ターゲティング」という意見が一番多かったので、一つめのプロセスのことを「ターゲティング」と呼ぶことにし、「今後はターゲティングという言葉を使うようにし、それ以外の言葉は使わないでくださいね」と決めました。

データベース化して使用する場合はさらに細かい部分まで統一を図ります。

「見積り／見積」という言葉がありますね。これも送り仮名の「り」を入れるか入れないかで検索をかけたときの結果に違いが出ます。

検索をかけても該当データがうまく見つからないのであれば、データベース化する意味はありません。

そこで、先のお客様のところでは、見積り書を提出することを「り」抜きの「見積提示」に統一しました。

小さいこと、と侮りがちですが、こうして社内で使う言語を一つひとつそろえていけば、コミュニケーションを取る上での誤解が起こりにくくなり、報連相がしやすくなります。

また、データベース化することによって、他部署の情報という資産を有効活用できる、一石二鳥の効果があると言えるでしょう。

第４章
「Ren 絡が密になるしかけ」の
ポイント

□ ただ単に連絡事項を伝えるのではなく、相手にどうすれば伝わるのか、考えてから連絡しよう

□ 情報共有を徹底したければ、まずは伝えるためのしくみ整備から始めるべき

□ 曖昧な言葉は間違いのもと。事実に基づいて簡潔な言葉で伝える

□ 今や連絡手段はありすぎるほどある。適切なタイミングで、相手に伝わるベストな方法を選ぶ

□ 人間は忘れる生き物と心得た上で、大切なことは何度も伝えて、ミスをなくすことが重要

□ 伝言を受けるときは、相手の名前と用件に要注意。伝え漏れをなくすには、メールを組み合わせる、という手段もアリ

□ 社内での使用言語が異なっていると、情報共有が思うようにいかないことがある。細かいことと侮らず、普段から言葉の統一を図っておこう

第5章

Sou談でスッキリ問題解決！

判断に迷ったとき、トラブルに見舞われたとき、必ず相談が必要な場面は出てきます。迷いがある分、話がまとまらなくて思いのほか長引いてしまったり、解決策が見出せなかったりと、困ったことになりがちです。

効率的かつ的確に相談をするために、どのような準備をすればよいのか、順に見ていきます。

本章に書いてあることをマスターすれば、相談上手になれること間違いなし！

1 悩んだらすぐ相談できる上司であれ

部下が悩む時間を減らしてあげる

さて、本書もいよいよ最後のテーマとなりました。相談です。

相談でまず大事なのは、メンバーが悩む時間をできるだけ減らしてあげることです。

「もっと自分の頭で考えさせたほうがいい。そのほうが本人のため」リーダーのみなさんはこのように思われるかもしれませんが、**「考える」のと「悩む」のとでは話が全く違います。**

あれこれと対応策を練っている（＝考えている）のでしたらそのままでもかまいませんが、考えあぐねている（＝悩んでいる）としたら、すでに思考停止の状態に陥っています。**そのまま放っておいても問題が解決することはまずない**でしょう。

「どうしたらいいのかなぁ」「問題を抱えてしまったな」メンバーにはこのように感じたら、すぐ相談してもらうようにしてください。もちろん、そのためには普段から気軽に相談できる環境やしくみを整備しておく必要があります。

部下の悩みとして一番多いのが、「仕事の進め方がわからない」ことです。全体の半分近くを占めており、「能力が足りていないから」というのは1割から2割にすぎません。ほかに「会社にとってプラスかマイナスか」が判断できないために悩んでしまう人もいますが、これは普段からのビジョン共有ができていない、ということです。210ページのコラムを参考にしてみてください。

相談するのは仕事ができない証拠？

相談しにくい理由の一つに、「相談する＝無能」という誤解があります。

「自分には能力がないから、相談しなきゃいけないんじゃないか」と自分を卑下したり、逆に「オレは有能だ。だから誰にも相談はしない。自分で何とかする」と強がってしまったりするのは、「相談する＝無能」という意識があるからでしょう。

上司にうまく相談できる。

これは一つの立派な能力です。

適切なタイミングで、適切な相談をしてくれる部下のことをどう思いますか？

「自分が頼んだ仕事に真面目に取り組んでくれている」とか「きちんと進めてくれている」などと安心感を抱きませんか。

「こいつに任せておけば安心だ」と感じるのは、きちんと報連相してくる人ですよね。

一切報告しない、一切連絡しない、一切相談しない。このような仕事の進め方をされると、不安で不安で仕方がないと思います。

普段から、相談してくる部下はきちんと評価してあげましょう。

「悩み」出したらすぐに相談、
そんな関係をつくっておこう

2

スムーズに相談してもらうためのルール

話の切り出させ方

先ほど「相談は早めに」というお話をしましたが、「とにかく相談すればいい」ということではありません。相談には相談の、ルールやプロセスがあります。

上司と部下、両方の視点から見ていきましょう。

上司のみなさんは、部下に「悩む」ことにではなく、**「相談の準備」に時間をかけるように指導して**ください（どのような準備が必要かは後ほどお話しします）。

相談の準備ができたら、そのための時間と場所をセッティングします。

そして、報告のときと同じように「テーマ」から切り出します。

たとえば「クレーム処理方法について聞きたい」のか、「承認していただきたいことがあるのでご相談です」なのか、あるいは「人員配置に関するご相談です」なのか、話の冒頭に「見出し」をつけてもらいます。

そうでないと相談の全貌が見えにくくなります。

テーマがわかったところで詳細に入りますが、その前に悪い例を紹介します。

部　下「今回、クレーム処理方法に関する相談があるのですが……」

あなた「何のクレーム？」

部　下「どこどこの○○っていうお客さん、わかります？」

あなた「ああ、知ってるけど、あのお客様がどうした？」

部　下「実はこうこうこうしたことがあって、そのあとこういうことがあって……」

あなた「で、どうなったの？」

部　下「いや、それでクレームになっているんですけど……」

あなた「クレームになったのか、それで？」

部　下「それで××という処理をしたんですが、そのあとさらにトラブルになってしまって……。このあとは△△しようと思うのですがどうしたらよろしいでしょうか？」

あなた「それってもしかして、△△したほうがいいかどうかという質問？」

部　下「あっ、そうなんです。部長の意見をお聞きしようと思いまして……」

話の結論にたどり着くまでにずいぶん遠回りした感じがしますね。

聞いているほうは先が読めないから不安にもなるし、人によってはイライラするかもしれません。

テーマ・詳細・結論の順に聞けば間違いない

先の例のようにならないために、準備が必要なのです。

部下の中には、「上司に相談するんだからすべて上司に委ねればいい」と誤解している人がいたりします。

そうした**困ったタイプには「何を聞きたいのか」や「何を相談したいのか」をあらかじめ整理しておくよう、日頃から伝えておく**必要があります。

たとえば、次の例のように「テーマ、詳細、結論」の順に話を組み立ててから相談にきてもらうとよいでしょう。

「クレーム処理に関する相談なんですけど……、A社の○○さんより××についてクレームをいただいています」　↓テーマ

「今回のクレームが起こってしまったのは、これこれこういう経緯からです。原因は、○○にあります」　↓詳細

「改善策は××で考えております。いかがでしょうか?」　↓結論

部下は悩んでいるわけですから、ここまで理路整然と話はできないかもしれません。ただ、話が全く要領を得ないものであっても、「で、何が聞きたいの?」といった言動は控えましょう。相談しにくくなります。

イライラすることもあるでしょうがぐっとこらえて、「テーマ、詳細、結論」の順に話すよう指導するか、話を整理してからもう一度相談にこさせましょう。

部下目線① 質問や反応を予想して準備しておく

ここで部下目線から、相談時の準備について説明しましょう。

話す内容や順番が決まったら、相談時に上司から質問されると思われる点や突っ込まれる点を

予想して、「こういう質問がきたら、こう答えよう」とか、「この話をしたらこういう質問がくるだろうから、関連データを調べておこう」と自分なりの意見やそれに関係するデータや資料を用意してください。

「いま現場はどうなってるの?」という話になったらすぐに写真を見せる。「数字はどうなっているの? 上がってるの、下がってるの?」と聞かれたら、「現状、こうなっています」と話してパソコンの画面を見せる、などです。

また、準備の際にもう一つ心がけていただきたいのが、自分なりの考えを持って臨むことです。上司から「それで、どうしたいと思ってるの?」と聞かれたら、「自分はこうしたほうがいいと思っています」ぐらいは答えられないと、上司から「こいつ、何も考えてないのか……」と思われかねません。

「上司に任せればもう大丈夫! 問題は解決したようなもの」そう思っていいのは、せいぜい新入社員と呼ばれる間ぐらいです。他人任せにしていては、自分が成長できません。

いきなり正解でなくても大丈夫ですから、とにかく自分の頭を使って考えることを習慣づけてください。

相談のための準備

①相談内容を整理する

⇓

②話すときの流れを組み立てる

⇓

③予想される質問の答え、資料集め

⇓

④自分なりの分析結果と解決策を考える

4つのプロセスで、相談上手になれる！

以上が、相談をするときに相談者側（部下）がやるべきことです。

先ほどもお話ししたように、トラブルに直面したときは「悩む」ことに時間をかけるのではなく、相談の準備に時間をかけてください。

多くの人が、悩むことにかまけて、準備を怠りがちです。

だから上司から質問を受けると「ちょ、ちょっと待ってください」などとしどろもどろになってしまうのです。

3 余裕を持ったスケジュールで対応しよう

相談は5分、10分では終わらないもの

第3章の報告のところでも言ったことですが、「ちょっといいですか?」と呼び止め、立ち話ですませようとする。これはNGです。

特に相談となると、5分10分で終わることは滅多にありません。「ちょっと」と言われても、どのぐらい時間がかかるのか見えないし、そもそも何を話そうとしているのかがわからないので、**受けるほうも「何、何が始まるの? ひょっとして退職?」といった不安がよぎる**こともあるでしょう(私の経験上、「ちょっと時間もらっていいですか?」と言われたら、たいてい退職の話です)。

最悪なのは、カバンを持って、「さあ出かけよう」というのが一目でわかるはずなのに、

「ちょっといいですか?」と声をかけられるケースです。

部下「ちょっといいですか?」

上司「ちょっとってどのぐらい。何分?」

部下「2、3分で終わらせます」

上司「じゃ、いいよ、話してみて」

部下「セミナーの集客の件なんですけど、最近、セミナーの告知メールを出しても、お客様の反応が悪いんですけど、これ、どうしましょうか?」

上司「(え、絶対2、3分で終わらないだろ)それは立ち話ではすまないよね。ごめん、夜にミーティングルームで時間を取って話をしよう」

部下「そ、そうですね。わかりました、会議室を押さえておきます」

私の会社でもこうしたことがよくあります。

勘のいい人は「打合せ・ナントカの件」といって上司のスケジュールを押さえにかかるのですが、**意外なほどにそういう部下は少ない**ものです。

たいていの場合、数分の立ち話では終わりません。そもそも、複雑な問題だからこそ、部下の頭を悩ませ、相談せざるをえなくなるのですから。

相談があるときは30分なり1時間なり、ある程度まとまった時間を押さえるのが基本です。30分取って15分で終わってしまってもそれはそれでかまいません。

部下から「ちょっといいですか」と言われたら、テーマを聞き取り、予測される所要時間プラス10分、15分の余裕を持って相談を受けましょう。

部下目線② 所要時間はあらかじめ伝える

誰かに相談を持ちかけるときは、テーマに加えて、所要時間を伝えるよう心がけてください。所要時間によって、話を聞く態勢が整えられるからです。たとえば「○○の件なんですけど、15分ほどお時間いいですか?」のように言うといいでしょう。

また、用件がわかれば、単に事務的な判断がほしいだけなのか、それとも突っ込んだ話をしなければならないのかが見えてきます。

「A社の見積書の件なんですけど、いくらいくらで出してもいいですか?」と承認を求めるだけであれば、「その金額で出してかまわないよ」とすぐに答えられます。

しかし、先ほどのように「最近セミナーの告知メールの反応が悪いんですけど、どうしましょうか?」などとアドバイスを求められたらすぐには答えられません。

相談時のアポの取り方・注意点

① 相談時間は長めに

→「ちょっといいですか？」はＮＧ。少し大目に見積もるぐらいでちょうどいい

② テーマ・所要時間は前もって伝える

→どんな話になるのか、予測しやすくなり、心づもりができる

③ 立ち話はなるべく避ける

→立って話すのは落ち着かない。じっくり相談したいなら、ちゃんと時間・場所を確保してから

そこで「その話は夜にしよう」とか、「後日、改めて時間を取って話し合おう」といったことになります。

立ち話を避けたほうがよい理由はもう一つあります。上司の心の問題です。

自分のデスクなり会議室の席なりに座ることで、上司の心にゆとりができ、「よし、聞こう」と相談を受け止める心構えができます。

立ち話ですむ程度の話、と思われると、どうしても軽く扱われがちになります。

説明していても相手から「早くしてよ」というオーラが出てくることも。

大事な相談になればなるほど、きっちりと場所と時間を確保して、落ち着いて話ができる環境を整えましょう。

4 相談しやすい環境づくり

話しかけやすい状態を用意する

悩み出したら、すぐに相談。

そのためには上司であるリーダーのみなさんが、相談しやすい環境を用意してあげなければいけません。では、具体的に何をしていけばよいでしょうか？

まずは**相談できるタイミングや時間帯をつくってあげる**ことです。

たとえば夕方以降、できるだけ自分のデスク（あるいは社内）にいるようにする。日中はみな忙しく動き回っていますので、少し落ち着く時間帯、夕方の6時から7時をフレキシブルに動けるように確保しておくのはどうでしょう。

もちろん朝でもかまいません。始業時間よりも前に出社する人であれば、必要に応じてその時間帯を相談の時間にあてるようにします。

タイミングや時間帯を用意してあげることで、チーム内に相談しやすい雰囲気が生まれます。

時間的に余裕があるのでしたら、あなたのほうから「大丈夫？」と声がけしてあげるのもよいでしょう。

信頼される上司のふるまい

話しやすさも重要です。

「こんなくだらないことを聞いても大丈夫かな……。でも、部長ならきっと答えてくれるはず」

「マネージャーに聞けば、きっと何かアドバイスがもらえるはず」

部下の胸の内にこうした「信頼感」や「期待感」が生まれると相談しやすくなります。

信頼感や期待感は、相手の話をしっかりと聞くことから始まります。

最近はパソコンに向かって仕事をすることが多くなりました。すると何が起こるか？

「マネージャー、相談したいことがあるんですけど、5分ほどお時間よろしいでしょうか」と声をかけられました。

ところが、上司は画面から目をはなさずに、「うん、いいよ、続けて。聞いてるから」とだけ答えました。

こうした「ながら」の相談はやってはいけません。

メンバーが相談に訪れたら、作業をやめて、パソコンを閉じる。相手に向き合って、目を見て話を聞く。

報告であっても、連絡であっても、相談であっても、「私は、あなたの言葉をしっかりと受け止めていますよ」と自らの行為で示すことが大事です。

また、これは時間が許すかにもよりますが、できるだけ話には口を挟まないで、最後まで話を聞

部下の話は向かい合って聞こう

いてあげましょう。

それが上司への信頼感や安心感につながります。

途中で「何を言いたいんだ」と思うこともあるかもしれませんが、そこは大目に見てあげてください。

どうしても我慢できないほど長い、要領をえない話であれば、「ごめん、申し訳ないけど結論は何？　何を聞きたいの？」と話を引き出す側にまわってあげましょう。

5 相談を受けるときに気をつけるべきこと

どなりつけない

いざ相談を受けるときに、気をつけたいことがいくつかあります。

まずは、頭ごなしにどなりつけたり、「お前が悪い」と責め立てるのは絶対にやってはいけません。

それが仮に大きなトラブルの相談で、相談しにきた人が明らかに悪くても、です。**「怒られる」と思った瞬間、人は「やばい、どうしよう」「うまく解決できないかな」「状況がひっくり返せないか」と自分の力だけで処理しようとします。**

それでも何とか思い直し、「悪いことほど早めに相談しなくては」と勇気を持ってみなさんのもとを訪れているわけです。

このような心理状態を無視して、頭ごなしに叱ったり、どなり散らしたりすればどうなるでしょうか。「やっぱり、相談しなきゃよかった」と感じ、**次はぎりぎりまで黙っておこうとか、隠蔽《いんぺい》してやろうとか思ってしまう**のではないでしょうか。

◯――自分で決めさせる

部下「お客様から◯◯という要望がありましたので、私のほうから××のようなサービスを提供したいと思うのですがよろしいでしょうか。それとも野部さんを通じてお客様に話をされたほうがいいでしょうか?」

私「どっちがいいと思う?」

部下「できれば自分で進めたいと思っているのですが……」

私「わかった。どうぞ、進めてください」

部下が意見を求めてきたときのやりとりです。

最後の「どうぞ」には、どのような意味が込められているかわかりますか?

一つは、部下の成長を期待する気持ちです。

部下が成長してくれれば、私の業務はどんどん減り、別のことに時間を使うことができるということもありますが、一番は部下に対する「あなたを信じてるよ」という気持ちを示す意味あいが大きいです(もちろん、万が一部下がミスしても私のほうでリカバーする準備はいつでもできている、という大前提の上での話ですが)。

いくつか選択肢をあげてどれにするかを本人に選ばせる。

これを「選択式提示」と呼びますが、**「他人が決めた仕事をさせるのと、本人が選んで仕事をするのとでは、満足度が大きく違ってくる」**という研究結果があります。

先ほど部下に「自分？　それとも野部さんが？」と聞かれて、「それは君がやりなさい」とは答えずに、「どちらがいいと思う？」と問いかけで返したのはそのためです。

たとえば中華料理屋さんのランチメニュー。メインはラーメンであとはチャーハン、餃子、シュウマイの中から好きなものを選ぶ。これも一種の選択式提示で、お客さんに選ばせることによって顧客満足度のアップが期待できます。

メンバーから相談を求められたときに、上司がすべて決めてしまうのではなく、いくつか選択肢を出して自分で決めてもらいましょう。こうすることで相談や仕事に対する期待値・満足度を高めることができます。

イヤな上司になっていないか

最後に、メンバーから嫌われないために一番大事なことをお教えします。

それは、自分のことを「完璧」と思わないことです。

嫌な上司の筆頭は、「自分が完璧だ」と思っている人です。

「自分はいつでも正しい」

「間違っているのはいつもあいつらのほうだ」

このように考えている上司に相談したいと思う人がいるでしょうか。

基本的に自分のことを完成品だとか、完璧だと思っていること自体がナンセンスですし、私たちは成長意欲が失われた瞬間に終わってしまいます。

成長意欲とは変化し続けようとか、進化し続けようという気持ちのことです。

責任の所在を常に自分の外に置く、「他責感」の強い上司もよくありません。

景気のせい、政治のせい、社会環境のせい、そのほかなんでもよいのですが、とにかく問題をすべて周りのせいにする。

他責にしてしまった時点で解決の道は閉ざされてしまいます。

できればいつでも完璧なリーダーでいたいものですが、そこは人間。完璧ではない、ということを前提に、ミスしてもそこから学び、改善していく姿を部下に見せたいものです。

部下目線③　ダメ出しはチャンスと捉えよう

反対に、部下として相談をするときにも、気をつけたいことがあります。

まず、ダメ出しをされると、すぐにやる気をなくしたり、「相談しても怒られるだけ。相談するのはもうやめよう」なんてむくれてしまう人です。

「ピンチはチャンス」

実は、上司からのダメ出しは自分を成長させるビッグチャンスでもあります。

「そうか、そういうやり方があったか」

「なるほど、そうしたほうがいいんだ」

などと気づきをえる絶好の機会です。まずそのことに意識を向けてみましょう。

上司も部下の成長を期待しているからこそ、ダメ出しをしたり、叱ったり、アドバイスをしたりするわけです。期待がなかったら、さんざんどなり散らして終わりでしょう。

よく、中小企業の社長さんから、社員に期待するあまりビシバシと指導してしまい、どんどん人が辞める、人材が定着しない、という相談を受けます。

すべては社員への期待の裏返しなのですが、ただひたすら「ああでもない、こうでもない」と言われるだけでは、その真意に気づいてもらうのは至難の業です。

上司の立場としても、伝え方には十分に気をつける必要がありますが、上司の指導の裏にはそういった「期待」がある、ということを知っておいてください。

上司に相談して、叱られたり、自分の出した案にダメ出しを食らったり、修正されたりすることはよくあります。上司と部下では見えているものが違うので当たり前です。

むしろ叱られたり、ダメ出しされないことのほうが珍しいでしょう。

ですから、気にせず自分の考えや意見を上司にぶつけていくことが大事です。

部下目線④　自分の責任は、ちゃんと認める

上司のところでも少し触れましたが、問題が起こっても自分以外のせいにする、「他責」の姿勢

は改めなければなりません。

何か問題が起こったときに
「お客さんが悪いんです」

「条件が悪すぎました」

「上司（あるいは部下）がいけないんです」

などとほかの人、ものに責任転嫁する。この傾向がある人は、気をつけてください。

183ページで「相談は、丸投げにしない、自分なりの考えを持って臨む」というお話をしました。それは業務上の問題に対して、自分の責任である、という〝自責〟の念を持って取り組んでほしいからです。

ただ「問題が発生しました。大変です。どうしましょう?」と相談してくる人がいますが、それは違います。

必ずどこかに原因があります。相談に訪れる前にそれを自分の目と頭で探してほしいと、上司は思っています。

また、なんでもかんでも「自分のせい」と言ってしまうのも、いただけません。

相談時の部下の心得

① ダメ出しは自分が変わるチャンス！

→上司と部下はそもそも見えているものが違う。上司の言葉は前向きに受け止めよう

② ほかの人・もののせいにしない

→自分のこととして捉えられていない可能性アリ。解決策を見つけることこそ重要なので、誰が悪い、というのは脇に置いておこう

「全部私が悪いんです。私が悪いんです」

このように「自分のせい」と言ってはいても、心の底では「自分が悪い」とは思っていないことが多いからです。

「すみません、すみません」を連呼する場合も同じです。「私が悪い。すみませんと言っておけば、もうこれ以上責められることはないだろう」という心理が無意識のうちに働いています。

謝罪が必要な場面もあるでしょうが、最終的に求められているのは「あなたなりの解決案」であり、それが間違っているかどうかはひとまず置いておきましょう。

まず求められるのは、主体性を持って問題に取り組んでいるかどうかです。

6

相談のゴールは問題解決

部下の問題を解決するのは上司の役目

いざ相談を受けたら、リーダーのみなさんには、メンバーが直面している問題を解決する役目と責任があります。

自分に決定権があるものは意思決定をし、決定権がないものについては策を授けてあげます。

解決のプロセスは次の流れで、どちらの場合も同じです。

①まず情報収集をして、ファクトを集める

②次に集めた情報を整理し、問題を特定する

③仮説を立て、問題解決にあたる（あるいは、策を授ける）

問題解決のプロセス

①情報収集。とにかく関連するものを集める

⇓

②集めた情報を精査、問題を整理して原因を特定する

⇓

③仮説を立てる

⇓

④問題解決にあたる or 策を授ける

似たようなプロセスを本書の別の項目で見かけたことと思います。

そうです。第3章でご紹介した「部下を叱るときのプロセス」とほぼ同じです。**違うのは「行動や思考を修正する」という部分だけ。**

上記のプロセスでポイントとなるのは2番目と3番目です。多くの場合、部下は情報は集めたけれども、問題の本質にたどり着けていません。

そのために問題解決の糸口となる「仮説」を立てることができないのです。

そこでリーダーが、仮説に基づいた具体的なプランを提案します。

「まずこれをやってみなさい」「それがダメなら、次にこれを試してみなさい」

いくつものアイデアを提示してあげましょう。

このとき、「それをもとに自分で考えてやりなさい」ではないことに注目してください。相談にきた部下に必要なのは「仮説に基づいた具体的なプラン」です。

原因を追求し、解決策を提示する

これもまた私が証券マン時代の話になります。

入社して間もないころ、朝、寝坊をし、会社に遅刻してしまいました。

遅刻にはとても厳しい会社だったので、すぐに警察の取調室のような部屋に入れられ、その日1日、反省文を書かされることになりました。

学生気分が抜けていなかったのでしょう。思い浮かぶのは謝罪の言葉ばかりでした。

「申し訳ありません。2度としませんのでお許しください」

こんな調子の文章ばかりで、上司から何度も何度も書き直しをくらいました。

「こんなに謝っているのになんで許してくれないんだ……」と泣きたくなったものです。

しかし、最後に書いた作文の内容はいまも忘れません。

「今週末、目覚ましを3個買います。一つは枕元に置いて6時に、もう一つはベッドから少し離れたところに6時15分、最後は玄関前に6時30分に、それぞれセットします。

目覚し時計を3つ並べることで、ベッドから必ず起きなければならないという導線が生まれ、私は時間どおりに起きます。

私は2度と寝坊をしません」

このような内容でした。

謝罪の言葉ばかりが並ぶ最初の作文とは雲泥の差があります。

話が具体的で、仮説に基づいた改善計画（アクションプラン）に落とし込まれています。

この例で言えば、「目覚し時計を3個買います」だけではまだ不十分なのです。**その先の「3個買ってどのように使うのか」というレベルまで踏み込んではじめて有効なプランになります。**

寝坊した部下に「なんで寝坊してんだ。ふざけるな。どうするんだよ」とどなって、「ごめんなさい」と言わせても仕方がありません。大切なのは「なぜ寝坊してしまったのか」と原因を追求し、それを解決するための策を決めることだった、というわけです。

本質を捉えないと最善の策は導き出せない

私の会社で最近こんなことがありました。

本来はがんばり屋さんの女性スタッフ。ところが、就業中にボーッとしている姿をよく見かけるようになりました。はじめは「集中力の問題か」と思って見ていたのですが、**よくよく話を聞いてみると、原因は別のところにありました。**

彼女はタスク管理が苦手で「どの仕事を優先して、それをどこまでやればよいのか」が自分でうまく判断できません。そのために余計な仕事まで背負い込んでしまい、気力も体力も消耗し、挙句の果てには「最近、仕事が面白くない」「もう辞めたい」とまで思い始めていたのです。

私は、原因がわかったところですぐに手を打ちました。

彼女の上司を呼び、「これから彼女のタスク管理はすべてコントロールしてほしい。やっていいという仕事以外はやらせるな。それとしばらくの間は8時までには帰宅、パソコンも自宅には持ち帰らせないように」と仕事に区切りをつけてあげたのです。

おかげで彼女は本来の元気を取り戻し、いまも精力的に働いてくれています。

私たちは、先入観で物事の是非を判断してしまうことがあります。

「辞めたい」という社員はやる気がない。これもその一つですが、部下が辞めたくなったのは全く別の理由からかもしれません。先ほどの彼女のように、やる気があるからがんばりすぎて、辞めたくなってしまった。そういうこともあるのです。

一番の問題点は情報収集をしないことにあります。事の本質を捉えていない上司が、誤った解決策を無理やりにねじ込もうとするから最善の結果が導き出せないのです。

本質を捉えるためには、まず情報を仕入れ、それを分析した上で、解決策を講じる必要があります。

7

誰に相談するか？

「上司は一つのリソース」と考えてもらう

私は、社内向けの社員研修でこんな話をします。

「会社案内と上司は営業ツールの一つとして考え、うまく使ってください」

営業をするときに、自社の会社案内やパンフレットを使いますよね。またシチュエーションによっては上司を同行して話を進めることもあるかと思います。

上司に相談をするということは、基本、それと同じです。

「上司も会社の資源。何か困ったことがあったら、自分の手段として使ってやろう」

このぐらいの気持ちで上司に相談を持ちかけてもらいたいものです。

ドラえもんとのび太の関係を思い浮かべてみてください。

のび太はドラえもんのことを、ある意味「ぼくのモノ」とか「自分の持っている一つの手段」と考えているのではないでしょうか。だから、何かあるたびに「何とかしてよ～」とドラえもんに頼むのです。

上司は会社のリソースの一つと部下に捉えてもらい、いつでも活用してもらえるよう、受け入れ態勢を整えておいてください。

相談相手はあなたの資産になる

みなさんは無意識にやっていることかと思いますが、相談内容によって相談すべき相手、あるいはしたい相手、というのは変わってきます。

「うちの会社では○○について××しているんだけど、ほかの会社ではどうしてるのかな？　参考までに教えてくれない？」

こうした相談ができるのは、部署の違う同期や社外の友人知人でしょう。

ときには「上司に相談すべきかどうか」を相談したいこともあるはずです。そのような場合には、社内の同期や少し上の先輩が頼りになります。

アメリカの自動車王、ヘンリー・フォードですら、「私のデスクの上にはたくさんのボタンがあります。その中の正しいボタンを押しさえすれば、私が必要としている知識を持った部下がすぐきてくれます」（『巨富を築く13の条件』ナポレオン・ヒル著、田中孝顕訳、きこ書房、２００１年、62頁）と語った、という逸話が残っているそうです。

フォードの周りにはたくさんの専門家がいて、彼らから最適なアドバイスをもらうことで会社を世界一の自動車メーカーに育て上げたということですね。

あなたもフォードにならい、問題のテーマや状況に合わせた相談相手を用意しておきましょう。するとそれがあなたの「資産」となり、「武器」となってサポートしてくれます。

多彩な相談相手を持つことは、
あなたの武器・資産になる！

コラム◇会社のビジョン共有で組織も個人も動き出す

マクドナルドの全従業員のうち、社員が占める割合はどのぐらいでしょう。半分？　いや4分の1？　それとも1割程度？

実はもっと少なくて、2％ほどだそうです。店舗によっては、店長が社員でないケースもあります。それでも世界的な企業として業績を上げています。

少数精鋭の社員が残り9割以上のスタッフを動かしていく。どうしてそのようなことが可能なのでしょうか？

大きな理由の一つとして、会社のビジョン感やバリュー感の共有があげられます。

この2つはいわば会社の「ものさし」のようなもの。「何を大きいと感じ、何を小さいと感じるか」は人によってそれぞれです。そこで、会社の基準となる「ものさし」をすべての社員やスタッフに提示します。

それが会社としての方向性や価値観、つまりビジョン感やバリュー感です。

ものさしが決まると、社員やスタッフの間で判断のずれがなくなります。

みんなで同じ方向を向いて、同じ基準で業務を遂行できるようになります。

ビジョン感やバリュー感の共有は、報連相とはあまり関係のない、即効性の薄い、遠回りな方法に思えるかもしれません。「そんなことで本当に組織内コミュニケーションが活性化するの？」といぶかる方もいらっしゃるでしょう。

ですが、先ほどのマクドナルドの例を思い出してください。

日本マクドナルドの社員数は、約３０００人。それに対して、アルバイトやパートなどの従業員が16万人もいるそうです。単純計算で１人の社員が53人のスタッフを動かしていることになります。

１人の上司が53人の部下を管理していくのは並大抵のことではありません。ところがマクドナルドではそれが実現できている。なぜでしょうか？

冒頭でもお話ししたように、社員はもちろんのことスタッフの間で基準となる「ものさし」を共有しているからです（もちろんそれだけではないでしょうが、その要因の一つであることは間違いありません）。

もう一つビジョンやバリューを共有することのメリットについてお話ししましょう。

みなさんは、目標が達成できる人とできない人の違いはどこにあると思いますか？

確かに個人の能力や経験もありますが、それよりも大きく影響してくるのが、個人のビジョンと会社のビジョンが合致しているかどうかです。

自分の目指す方向性や価値観と、会社の目指す方向性や価値観の重なりが多いほど、目標を達成しやすくなります。逆に目標が達成できない人は、重なりが少ないか、重なっていることを認識できていません。だから最後の最後でがんばれないのです。

個人のビジョン、バリュー、ミッションと、会社のそれらをリンクすることは、報連相のみならず、個人や会社の成果につながっていきます。

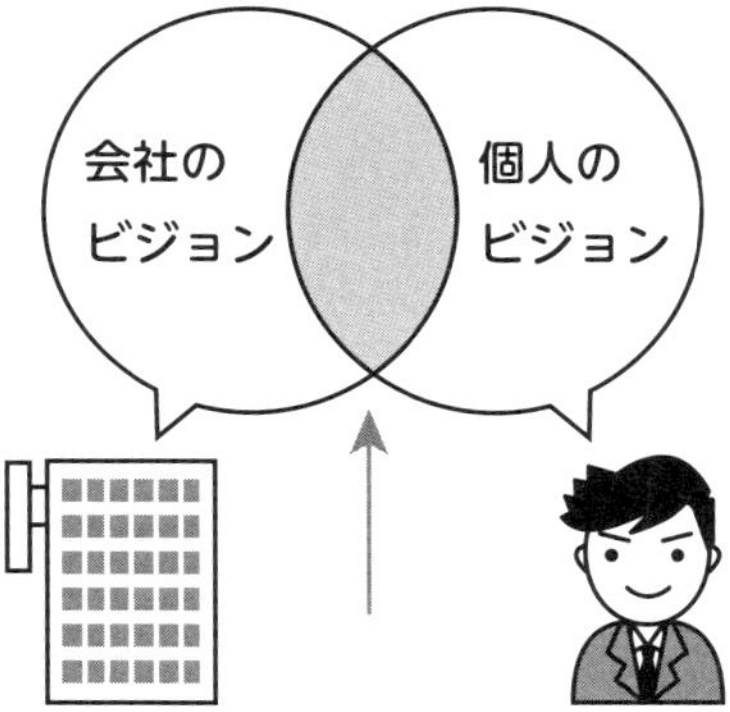

ここが大きければ大きいほど、
目標達成の可能性は高まる

また、社員の離職率にも大きく関係しています。入社3年以上の正社員が離職する一番の理由、それは「会社に将来性がないこと」だそうです。

将来性とは「いまの会社のビジョンとバリューに共感できない」と言い換えることができるで

しょう。

これまで会社のビジョンとバリューをあまり重要視してこなかった。

もし、そうだとしたらこれを機会にビジョンやバリューを見直し、社内での共有化を進めてみてはいかがでしょうか。


参考までにわが社の取り組みについてお話しすると、マクドナルドの例にならい、ビジョン感やバリュー感の共有を図るために、1泊2日の合宿を行っています。

合宿では、会社紹介からはじめ、理念、ミッション、ビジョンなどをスライドを使って詳しく説明します。

また日々の業務においては、「理念」や「ミッション」や「行動規範」などが書かれたクレドカードを持たせ、それを月曜日の朝礼で読み合わせするようにしています。

こうした日々の取り組みによって、全員の気持ちを一つにすることが以前よりも容易になったと感じています。

第５章
「Sou 談でスッキリ問題解決！」の
ポイント

- □ 相談をする＝部下の仕事のムダを省いてあげること。快く迎えよう
- □ テーマ→詳細の説明→結論の順で話し始めるとスムーズな相談が可能。必要ならリーダーが助け舟を出す
- □ 相談時間は長めに見積もっておけば、余裕を持って対応できる
- □ 普段から話しかけやすい雰囲気づくりをしておくと、いざというときに相談してもらいやすい
- □ 忍耐強く話を聞き、なるべくなら相手に「どうしたいか」を選択させるのが一番のキモ
- □ 仮説を立てて、解決策を授けるまでが上司の仕事。正しい判断ができるよう、情報収集には細心の注意を払おう
- □ 上司は部下に使われてナンボ。頼られる上司になるために、普段からすぐ出動できるよう、態勢を整えておく

【参考図書】

『「影響言語」で人を動かす』（シェリー・ローズ・シャーベイ著／上地明彦監修・訳／本山晶子訳／実務教育出版）2010
『プロが教えるはじめての NLP 超入門』（芝健太著／成美堂出版）2011
『宋文洲直伝 売れる組織』（小松弘明著／日経BP社）2008
『知識ゼロからの会社の見直し方』（小松弘明著／幻冬舎）2010
『90日間でトップセールスマンになれる 最強の営業術』（野部剛著／東洋経済新報社）2009
『成果にこだわる営業マネージャーは「目標」から逆算する!』（野部剛著／同文舘出版）2012

【著者紹介】

野部 剛（のべ・たけし）

◎―ソフトブレーン・サービス株式会社　代表取締役社長
◎―早稲田大学第一文学部英文学専修卒業後、野村證券へ入社。トップ営業マンとして活躍後、2000年にベンチャーキャピタルエイチ・ティ・シーへ入社。国内投資部長に。その後、成毛眞氏のヘッドハンティングによりコンサルティング会社インスパイアに入社。ヘッドディレクターを務める。2005年5月ソフトブレーン・サービス入社、執行役員を経て現職。プロセスマネジメント大学の学長も務める。
◎―学生時代にしていた塾講師のアルバイトで、成績が伸びて喜ぶ生徒の姿が忘れられなかったこと、そして野村證券での営業マンとしての経験を活かすべく、主に営業組織改革のためのコンサルティングや研修・講演活動を行う日々。
◎―著書に『成果にこだわる営業マネージャーは「目標」から逆算する!』(2012年6月、同文舘出版)『90日間でトップセールスマンになれる 最強の営業術』(2009年2月、東洋経済新報社)。

【ソフトブレーン・サービス HP】　http://www.sb-service.co.jp/
【プロセスマネジメント大学 HP】　http://www.pm-college.jp/
【Facebook（個人）】　http://www.facebook.com/takeshi.nobe.754

※本書の内容は2013年5月現在のものです。
※文中に記載の商品名、サービス名などは各社の商標または登録商標です。原則として「TM」「®」マークは明記していません。

これだけ！ Hou《報》 Ren《連》 Sou《相》

2013年5月29日　第1刷発行
2013年6月 7 日　第2刷発行

著　者　野部 剛
発行者　八谷 智範
発行所　株式会社すばる舎リンケージ
〒170-0013　東京都豊島区東池袋3-9-7 東池袋織本ビル1階
TEL 03-6907-7827
FAX 03-6907-7877
http://www.subarusya-linkage.jp
発売元　株式会社すばる舎
〒170-0013　東京都豊島区東池袋3-9-7 東池袋織本ビル
TEL 03-3981-8651（代表）
03-3981-0767（営業部直通）
振替00140-7-116563
印　刷　ベクトル印刷株式会社

ISBN978-4-7991-0246-6 C0030